Biblioteca Básica de Filosofia

A filosofia, como interrogação fundamental
e primeira, é a preocupação permanente do homem.
Com o intuito de permitir o acesso desta disciplina
a camadas do público cada vez mais largas
esta colecção preenche uma etapa necessária
do conhecimento filosófico.

Biblioteca Básica de Filosofia

1 — OS PRÉ-SOCRÁTICOS, Jean Brun
2 — KANT, Raymond Vaincourt
3 — PIAGET, Guy Cellerier
4 — PLATÃO, Gaston Maire
5 — A FENOMENOLOGIA, Jean-François Lyotard
6 — A FILOSOFIA MEDIEVAL, Edouard Jeauneau
7 — BACHELARD, François Dagognet
8 — TOMÁS DE AQUINO, Joseph Rassam
9 — A FILOSOFIA ANTIGA, Jean-Paul Dumont
10 — ARISTÓTELES, André Cresson
11 — A HISTÓRIA DA LÓGICA, Marcel Boll e Jacques Reinhart
12 — HEGEL, Jacques d'Hondt
13 — A ESTÉTICA, Denis Huisman
14 — DESCARTES, Michèle Beyssade
15 — INTRODUÇÃO À PSICANÁLISE - FREUD, Michel Haar
16 — NIETZSCHE, Gilles Deleuze
17 — GALILEU, António Banfi
18 — HUSSERL, Arion L. Kelkel e René Schérer
19 — DURKHEIM, Jean Duvignaud
20 — ESPINOSA E O ESPINOSISMO, Joseph Moreau
21 — HEIDEGGER, Pierre Trotignon
22 — CARNAP E O POSITIVISMO LÓGICO, Alberto Pasquinelli
23 — PROUDHON, Georges Gurvitch
24 — AUGUSTE COMTE, Paul Arbousse Bastide
25 — MAQUIAVEL, Georges Mounin
26 — DAVID HUME, André Vergez
27 — LOCKE, André-Louis Leroy
28 — SARTRE, Sérgio Moravia
29 — O ESTOICISMO, Jean Brun
30 — SÓCRATES, Francesco Adorno
31 — OS SOFISTAS, Gilbert Romeyer-Dherbey
32 — FREUD, Edgar Pesch
33 — KIERKEGAARD, Pierre Mesnard
34 — O EPICURISMO, Jean Brun
35 — A FILOSOFIA ALEMÃ, Maurice Dupuy
36 — WITTGENSTEIN, Aldo G. Gargani
37 — MARX, Giuseppe Bedeschi
38 — A MORAL, Angèle Kremer-Marietti
39 — SCHOPENHAUER, Icilio Vechiotti
40 – O NEOPLATONISMO, Jean Brun
41 – KARL POPPER, Jean Baudovin

KANT

Título original: *Kant*

© Presses Universitaires de France

Tradução de António Pinto Ribeiro

Capa de Edições 70

Todos os direitos reservados para língua portuguesa
por Edições 70, Lda.

Depósito legal nº 94077/95

ISBN: 972-44-0410-2

EDIÇÕES 70, LDA.
Rua Luciano Cordeiro, 123 - 2.º Esq.º – 1069-157 LISBOA / Portugal
Telefs.: 21 319 02 40
Fax: 21 319 02 49

Esta obra está protegida pela lei. Não pode ser reproduzida
no todo ou em parte, qualquer que seja o modo utilizado,
incluindo fotocópia e xerocópia, sem prévia autorização do Editor.
Qualquer transgressão à lei dos Direitos do Autor será passível de
procedimento judicial.

RAYMOND VANCOURT

KANT

edições 70

A VIDA

A vida de Emmanuel Kant, não marcada por qualquer acontecimento sensacional, resume-se em algumas linhas. Quarto filho de João-Jorge, modesto seleiro de Königsberg, e de Ana Reuter, Kant nasceu em 22 de Abril de 1724. Aos treze anos perdeu a mãe de quem conservou a mais terna recordação. Em 1740, inscreveu-se na Universidade onde, em 1747, apresentou o seu primeiro ensaio: *Pensamentos sobre a verdadeira valoração das forças vivas*... Tendo o seu pai morrido nesse mesmo ano, Kant, para ganhar a vida e continuar os seus estudos, entra como preceptor em diversas famílias, sem nunca se afastar muito da sua cidade natal. Em 12 de Junho de 1755, obtém um diploma de fim de estudos pela sua dissertação latina *Esboço sumário de algumas meditações sobre o fogo*. Em 27 de Setembro do mesmo ano, um trabalho sobre uma *Nova explicação dos primeiros princípios metafísicos*, vale-lhe a habilitação para ensinar na Universidade. A sua existência identifica-se doravante com a sua carreira de professor e a publicação das suas obras. Em 1770, nomeado para a cadeira de matemáticas, que cedo trocou pela de lógica e de metafísica, Kant escreveu a sua célebre *De mundi sensibilis atque intelligibilis forma et principiis dissertatio*, que contém o gérmen da filosofia transcendental. Em 1781, publica a sua grande obra, a *Crítica da razão pura*. Em 1794, teve algumas disputas com a censura prussiana a propósito das suas concepções sobre a religião. Morre em 12 de Fevereiro de 1804.

KANT

*

* *

As influências que contribuíram para a formação do pensamento kantiano são fáceis de descobrir. Em primeiro lugar, através de sua mãe e dos seus primeiros educadores, Kant conheceu e praticou uma forma de protestantismo a que se chama o *pietismo*. Spener (1635-1705), que tinha lançado este movimento, queria satisfazer a necessidade que se sentia de entrar em comunhão com o supra-sensível, necessidade essa que o protestantismo oficial, considerado demasiado intelectualista, parecia menosprezar. O pietismo contribuiu para suscitar uma atitude nova perante os dogmas; deles desligou mais ou menos os espíritos, insistindo de uma maneira demasiado exclusivista no aperfeiçoamento moral do indivíduo. Kant deve-lhe, em parte, o seu senso moral muito exigente e a sua desconfiança em relação ao aparelho dogmático do cristianismo; também lhe deve, sem dúvida, o respeito que, tal como Rousseau, constantemente testemunhou para com Cristo e o Evangelho.

*

* *

Foram formulados juízos bastante severos sobre a formação filosófica de Kant. Escreveu-se, por exemplo: «O seu conhecimento da história da filosofia é espantosamente pobre. Dos Gregos ignora quase tudo; relativamente à Idade Média e ao Renascimento, é o desconhecimento absoluto. Quanto a Descartes, Locke, Espinosa e Leibniz, seu principal adversário, são-lhe familiares as primeiras linhas dos seus sistemas. Teria ele em todo o caso estudado a fundo as suas principais obras? Ainda hoje é difícil afirmá-lo» [1].

Diga-se o que se disser de tal carência, que poria ainda mais em relevo a originalidade da sua doutrina, há que constatar que Kant, juntamente com os filósofos do «século das luzes», professava um culto pela razão, culto esse que nele era o resultado da confluência de várias influências. A exemplo do seu benfeitor Franz Albert Schultz e do seu mestre Knutzen, Kant aderiu primeiro à filosofia de Wolff, que

---

[1] Bernard Jansen, *La philosophie religieuse de Kant*, trad. Chaillet, Paris, Vrin, 1934, p. 26.

A VIDA

vulgarizara na Alemanha a metafísica de Leibniz. Tornou-se seguidamente partidário de Newton. Sem nunca ter adoptado o cepticismo de Hume, nem sequer em *Os sonhos de um visionário clarificados pelos sonhos da metafísica* (1766), Kant, segundo ele próprio confessa, nem por isso deixou de ser tirado por Hume do seu «sono dogmático». Os filósofos franceses do século XVIII marcaram-no igualmente, sobretudo Rousseau, pelo qual se entusiasmou, e por quem declara ter sido posto de novo no bom caminho, no que se refere ao problema da existência humana, tendo-lhe Rousseau ensinado que «a filosofia não é em suma nada mais que o conhecimento prático do homem». Mais tarde, criticará o sentimentalismo de Rousseau e o seu método; nem por isso deixará de manter as teses fundamentais do rousseauismo: a convicção de que os homens, ao progredirem nas artes e nas ciências, nem por isso se tornarão melhores ou mais felizes; e estoutra convicção, não menos importante: que a metafísica teórica não é indispensável como fundamento da moral.

*
*   *

As influências que acabamos de evocar não bastam para explicar o sistema kantiano; seria um erro encará-lo como o resultado necessário e anónimo de uma espécie de remexida de ideias. Deve também ter-se em conta a personalidade e o génio do autor, ainda que tal personalidade se tenha ela própria formado e desenvolvido pela descoberta progressiva que Kant fazia do seu sistema. Quando Kant declara que toda a filosofia é a expressão de um temperamento, das aspirações mais ou menos conscientes do filósofo, ele não deixa de ter alguma razão. Seria pois necessário, para esclarecer a génese do kantismo, efectuar a análise caracterológica do seu autor [1]. Costuma ser incluído

---

[1] Não se pode esperá-lo da parte de Nietzsche, que se contenta com evocar os «hábitos deprimentes» de Kant, a sua clausura, etc., tirando daí consequências desfavoráveis para a sua filosofia: «Kant, psicólogo medíocre e medíocre conhecedor de homens; enganando-se profundamente na apreciação de grandes valores históricos (Revolução Francesa); fanático da moral como Rousseau; subterraneamente cristão na apreciação dos valores, etc.» (*La volonté de puissance*, trad. Bianquis. N. R. F., vol. I. n.º 42. n.º 79).

KANT

entre os fleumáticos; ou seja, ele é considerado um não--emotivo, activo, secundário. O fleumático é «um homem de hábitos» e, a um nível superior, quando possui uma forte inteligência, «um homem de princípios». Kant foi uma e outra coisa. Basta, para nos convencermos disso, ler as biografias que alguns dos seus comensais lhe consagraram e que constituem, pelos pormenores numerosos e pitorescos que encerram, uma base de primeira ordem para o estudo do temperamento de Kant [1]. A ordem, é-nos dito, «era o princípio da sua conduta; raciocinava até nas mínimas acções do dia, acerca de tudo fazia *máximas* e a elas se sujeitava tão invariavelmente que elas pareciam fazer parte da sua própria natureza. Desperto às cinco menos cinco da manhã, às cinco horas estava sentado à sua mesa, tomava sozinho uma ou duas chávenas de chá que a presença de um amigo o impediria de tomar com a sua calma habitual, etc.» [2]. Os seus passeios da parte da tarde eram célebres pela sua regularidade, que não foi desmentida durante quarenta anos. — Homem de princípios, o fleumático é inclinado ao respeito da lei, é levado a pôr os seus actos e palavras de acordo com os seus pensamentos; a veracidade é-lhe mais fácil que a qualquer outro. Não é pois de espantar que Kant tenha considerado esta como um dever tão imperioso que se lhe deve permanecer fiel mesmo no caso de tal fidelidade correr o risco de comprometer os nossos amigos e os nossos parentes. À sua conta, praticou cuidadosamente a probidade, a sinceridade intelectual; pôde também escrever estas linhas significativas: «Perder essa estima de si, que vem da consciência de uma disposição de alma sem mentira, seria o pior mal que poderia acontecer-me, mas que certamente jamais me acontecerá. Penso seguramente com a maior convicção possível, e com grande satisfação minha, muitas coisas

---

[1] Cf. os testemunhos de Jachmann, Rink, Borowski, Wasianski... A obra de Wasianski, *Immanuel Kant in seinen letzten Lebensjahren*, Königsberg, 1804, foi em parte traduzida em inglês por Thomas de Quincey († 1837) e publicada em *The English Mail--Coach and other Essays,* no capítulo intitulado «The last days of Kant», pp. 162-210.

[2] *Critique de la raison pratique,* trad. Picavet, Presses Universitaires de France, 1943; notas filosóficas do tradutor, p. 184.

A VIDA

que jamais terei a ousadia de dizer, mas nunca direi nada que não pense» (¹).

A inteligência dos fleumáticos triunfa na sistematização, e Kant oferece um exemplo típico desta lei. Notavelmente dotado para a análise e para a crítica, possui os defeitos das suas qualidades: uma certa rigidez e uma falta de maleabilidade intelectual. Manifesta um gosto exagerado pela forma sistemática que escolheu e cujo emprego tende a generalizar. Quer a tabela das categorias, a distinção entre a analítica e a dialéctica, etc., convenham, quer não, ao assunto tratado, Kant aplica-as à força com uma inflexibilidade que aumenta com a idade.

*

* *

O fleumático não é um emotivo, o que de resto não o impede de modo nenhum de cultivar — e com constância — certos sentimentos. Kant, pelo seu lado, tinha em grande conta a amizade, na qual via menos a expressão irresistível de uma afeição natural que a responsabilidade de um livre compromisso. Na sua opinião, a condição primeira da amizade era a sinceridade e o seu resultado imediato, a confiança recíproca. A esta lealdade indispensável, Kant juntava, eventualmente, alguma ternura; participava, com uma solicitude sempre desperta e muitas vezes actuante, nas preocupações dos seus amigos; mas o seu comportamento, mesmo então, era mais raciocinado que espontâneo (²). A falta de emotividade explica sem dúvida por que é que Kant sempre desconfiou mais ou menos do sentimento, sobretudo quando se dava conta de que se pretendia fazer dele um instrumento de conhecimento. Tal falta privou-o igualmente de uma das componentes da atitude religiosa. Discute-se acerca das disposições religiosas de Kant. Tudo depende do que se entender por isso. Kant critica severamente a exaltação espiritual

---

(¹) *Lettre à Mendelssohn*, de 8 de Abril de 1766. Nas suas disputas com a censura prussiana e na sua resposta ao escrito real de 1794, Kant, como «súbdito muito fiel de Sua Majestade», parece mostrar mais circunspecção que grandeza de alma. Contudo, muitos julgam com indulgência a atitude de Kant nesta circunstância.

(²) Kant, embora permanecendo fiel na ajuda à sua família, nem por isso deixou de manter-se distante e frio em relação a ela.

KANT

(*Schwärmerei*) e o que se lhe assemelha. Mas se ele previne contra um misticismo de baixa condição, desconfia igualmente de «um ortodoxismo sem alma» e fala com calor do sentimento do sublime. Tem incontestavelmente tendência para reduzir a religião à moral, para fazer desta o fundamento inabalável daquela; é também a razão pela qual ele atribui a primazia à religião «racional», «natural», «moral», relativamente às religiões positivas e históricas. Kant não fica angustiado com a perspectiva da morte, pelo menos a julgar pelas palavras relatadas por Wasianski: «Senhores, eu não temo a morte, eu saberei morrer. Asseguro-vos perante Deus que se sentisse que esta noite iria morrer, levantaria as mãos juntas e diria: Deus seja louvado! Mas se um demónio mau se colocasse sobre mim e me insinuasse ao ouvido: Tu tornaste um homem infeliz, oh! então seria outra coisa.» [1] Entretanto, talvez não deva concluir-se daí que Kant não tinha o sentido do mistério nem que ele rejeitava absolutamente a possibilidade do sobrenatural [2].

*
* *

No termo destas considerações, poder-se-ia crer que a filosofia de Kant se reduz a uma visão pessoal das coisas, a uma *Weltanschauung,* a uma interpretação subjectiva, totalmente condicionada pela situação histórica do filósofo e seu temperamento. Nesse caso, seria vão esperar dela uma verdade eterna e universal; a obra de Kant deveria antes ser assimilada, por exemplo, a uma obra de arte, emanada de alguém infelizmente pouco dotado do ponto de vista estético [3].

Há que afastar tal pressuposto ao abordar o estudo de um filósofo. Não se pode, por certo, abstrair do meio social e histórico em que ele viveu, nem menosprezar as particula-

---

[1] Wasianski, *op cit.,* p. 316.

[2] Há quem insista na profundidade do sentimento religioso em Kant, como H. Schmalenbach, *Kants Religion,* Berlim, 1929. Boutroux e Delbos falam de um elemento místico, subjacente à sua obra. Outros são mais reticentes, como K. Barth.

[3] É o que diz Carnap; Kant é um músico sem dom musical; o seu sistema serve apenas para exprimir o seu «sentimento da vida» (*La science et la métaphysique devant l'analyse logique du langage,* trad. Vuillemin, Paris, Hermann, 1934, p. 41).

A VIDA

ridades do seu carácter. Mas tais condicionamentos múltiplos impedi-lo-ão de alcançar uma verdade que, sob certos aspectos, deles esteja liberta, de apresentar uma mensagem que seja ainda válida para nós e conserve o seu valor? Responder a esta pergunta pela negativa, seria introduzir o historicismo, o sociologismo, o psicologismo na interpretação da história da filosofia. Sem dúvida, há que recordá-lo, esta não tem de modo nenhum como função fornecer um conjunto de verdades já feitas, que teríamos apenas de compreender e de fixar, à maneira das proposições matemáticas ou físicas. «Até aqui, escreve Kant, não há filosofia que se possa aprender. Porque, onde é que ela está? Quem a tem em seu poder e com que caracteres reconhecê-la? O que se pode fazer é aprender a filosofar.» Mas ainda que o estudo de um filósofo só obtivesse esse resultado, já mereceria os esforços que se lhe consagrassem. Com efeito, aprender a filosofar é aprender a pensar. E a palavra de ordem que o «século das luzes», da *Aufklärung,* repetiu sem descanso, foi precisamente essa. Enquanto o homem a não fizer sua, não atingirá a sua maioridade intelectual e espiritual. Kant exprimiu-se claramente a este respeito: «O que são as Luzes? A saída do homem da sua menoridade, de que ele próprio é responsável. Menoridade, isto é, incapacidade de se servir do seu entendimento sem a direcção de outrem, menoridade de que ele próprio é responsável, dado que a sua causa reside não numa falha do entendimento mas numa falta de decisão e de coragem de se servir dele... *Sapere aude!* Tem a coragem de te servir do teu próprio entendimento. Eis a divisa das luzes». ([1])

Mas talvez o estudo dos filósofos não tenha como único resultado aprender a pensar; talvez deixe também entrever sob a variedade das formulações e a diversidade dos sistemas, uma *philosophia perennis,* um conjunto de verdades fundamentais, que não são somente privilégio do filósofo, mas pertencem ao «entendimento natural e são». É pelo menos o que parece admitir Kant.

([1]) Resposta à questão: O que são as luzes? (1784), trad. Piobetta, em *Kant, la philosophie de l'histoire (Opuscules),* Paris, Aubier, 1947, p. 83.

A FILOSOFIA

Para compreender um filósofo, é preciso saber o que ele quis fazer. As intenções de Kant foram interpretadas diversamente; pela leitura das suas obras verifica-se, no entanto, claramente que ele pretendeu salvar a metafísica tradicional, isto é, uma disciplina que tenta estabelecer por meio da razão a existência de Deus, a liberdade e a imortalidade da alma, e responder assim às perguntas, fundamentais para o homem: Que posso eu saber? Que devo fazer? O que se pode esperar?

A metafísica, segundo Kant, não conseguiu constituir-se como uma ciência rigorosa por causa do dogmatismo, que aborda o estudo dos problemas sem examinar previamente aquilo de que a razão é capaz, e do cepticismo suscitado pelos fracassos desse dogmatismo. Encontra-se em estado de inferioridade relativamente às matemáticas e à física que realizam o acordo dos espíritos, progridem sem cessar qualitativa e quantativamente, e recomendam-se pelas suas aplicações práticas, ao passo que a metafísica continua a ser o campo fechado de lutas perpétuas e estéreis. É verdade que a metafísica existe como «disposição natural (...) em todos os homens, desde que a razão neles se elevou até à especulação»; espontaneamente, eles põem-se problemas inevitáveis, que ultrapassam a experiência: por exemplo, será que o mundo teve um começo?, etc. Neste sentido, sempre houve uma metafísica e sempre a haverá ([1]). Mas a metafísica

---

([1]) *Critique de la raison pure*, trad. Trémesaygues, p. **44**

17

KANT

metodicamente elaborada e que iria dar a respostas racionalmente justificadas está ainda por fazer, segundo Kant. Dir-se-á talvez que o comum dos mortais passa bem sem isso; é verdade. «O interesse da razão humana universal» ([1]) nem por isso deixa de estar empenhado nisso; e, por outro lado, sem uma solução dos problemas metafísicos, é impossível «à razão (...) fixar à vontade o objectivo supremo de todos os seus esforços» ([2]). A partir daí, como sentir desprezo por uma disciplina cujo objecto não pode ser-nos indiferente? Procuremos antes ver se haverá um processo de a fundamentar melhor do que se fez no passado.

([1]) *Prolégomènes, à toute métaphysique future.* Introdução. p. 9.

([2]) *Op. cit.*, p. 11, n.º !.

I. A CRÍTICA DO CONHECIMENTO

Para saber se a metafísica é possível, é preciso examinar primeiro até onde vai «o poder de conhecer do espírito humano». Tal exame constitui num sentido, para a razão, «a mais difícil de todas as suas tarefas, a do conhecimento de si própria» [1]; apesar disso, trata-se de uma tarefa relativamente facilitada, porque não se trata de realidades exteriores e longínquas, mas do próprio espírito, «cujas riquezas não devem ser procuradas à volta de nós» e, por consequência, «não poderão ficar escondidas» [2]. Kant consagra a este exame a sua obra principal: a *Crítica da razão pura* e o resumo constituído pelos *Prolegómenos a toda a metafísica futura que poderá apresentar-se como ciência*. O método empregado é a análise reflexiva. Falando de um facto — a existência das ciências — Kant raciocina assim: se elas existem é porque são possíveis; trata-se, para o filósofo, de estabelecer as condições da sua possibilidade.

As matemáticas e a física desembocam em verdades necessárias e universais; sendo os dados da experiência contingentes e particulares, essa necessidade e universalidade não derivam deles; têm uma outra fonte. Qual? — O mesmo problema surge, se se reflectir sobre a natureza dos juízos em que se exprimem as verdades científicas. Segundo Kant, há-os de três tipos: primeiro o *juízo analítico* em que o atributo explicita o que se encontrava já no sujeito, por exem-

---

[1] *Critique de la raison pure*. Pref. à 1.ª ed., p. 7.
[2] *Op. cit.*, Introd., p. 47.

19

KANT

plo, os corpos são extensos. Estes juízos assentam no princípio da contradição; são necessários e universais, no sentido de que uma vez o sujeito definido, é impossível negar-lhe os atributos que a definição implica. — Os juízos sintéticos, por seu turno, têm a particularidade de o atributo juntar ao sujeito alguma coisa que nele não estava contida, mesmo implicitamente. Surge então a pergunta: com que direito operamos nós essa síntese? Kant distingue dois casos. Nos *juízos sintéticos 'a posteriori'*, ela justifica-se pela experiência, a qual me ensina que o atributo convém ao sujeito, por exemplo, a proposição: os corpos são pesados. Mas tais argumentos, dado o seu fundamento, não podem ser absolutamente necessários, nem rigorosamente universais. — Em contrapartida, existem *juízos sintéticos 'a priori'* em que o atributo acrescenta alguma coisa ao sujeito, mas de uma maneira estritamente necessária e universal, por exemplo, o princípio «tudo o que acontece tem a sua causa». Não sendo analíticos, não se baseiam unicamente no princípio da contradição (ainda que este seja indispensável); gozando de uma necessidade absoluta e de uma «estrita universalidade», também não podem derivar unicamente da experiência. Qual é pois a sua fonte?

A tal pergunta, o empirismo, em particular o de Hume, traz uma resposta. Encarando o caso do princípio de causalidade, Hume esforça-se por mostrar que ele é de facto «tirado da experiência», que ele assenta na associação das nossas representações; Hume faz assim «passar a necessidade subjectiva, isto é, um hábito, por uma necessidade objectiva fundada no conhecimento» ([1]). Se tivesse captado o problema em toda a sua extensão, ele teria visto que a sua solução minava não apenas a metafísica, mas também «a matemática pura, porque esta inclui certamente proposições sintéticas *a priori*, e o seu bom senso tê-lo-ia preservado desta afirmação» ([2]). Teria sido obrigado a concluir que o que há de absolutamente necessário e de universal no conhecimento, provém da própria razão, das suas estruturas próprias, que se lhe teriam então apresentado como condições *a priori, transcendentais* do conhecimento; ele ter-se-ia posto à procura dessas estruturas.

([1]) *Prolégomènes*, p. 10.
([2]) *Critique de la raison pure*, p. 43.

A FILOSOFIA

a) *A sensibilidade (Estética transcendental)*. — Segundo Kant «há dois troncos do conhecimento humano, que partem talvez de uma raiz comum, mas desconhecida de nós: a sensibilidade e o entendimento; pela primeira vez, os objectos são-nos dados, pela segunda, são pensados» ([1]). A *Crítica da razão pura*, na parte intitulada «Estética transcendental», ocupa-se do conhecimento sensível para daí tirar os elementos *a priori* e distingue o conhecimento sensível externo, pelo qual apreendemos os objectos, e o conhecimento sensível interno, que permite captar os nossos estados de alma. No que se refere à primeira, um facto impõe-se: é-nos impossível captar os corpos a não ser inseridos em relações de distância, de proximidade, de grandeza; em resumo, numa rede de relações espaciais. O espaço, condição das nossas percepções, não é, segundo Kant, uma realidade independente de nós e dos objectos (Newton), nem o conjunto das relações que estes manteriam entre si sem nós (Leibniz), mas uma estrutura da nossa sensibilidade externa, uma *forma 'a priori'* na qual são vertidas as impressões que vêm de fora. — Impõe-se igualmente um segundo facto: os meus estados de consciência apresentam-se-me inevitavelmente como sucessivos ou simultâneos, isto é, ligados por relações de temporalidade. O tempo não é, também ele, para Kant, uma realidade em si, nem o conjunto, independente de nós, das relações de sucessão; é uma estrutura, uma *forma 'a priori'* do nosso sentido interno.

O estatuto do conhecimento sensível e o seu alcance acham-se assim nitidamente definidos. Há, no ponto de partida, um dado que nos afecta; o homem não é o criador da matéria do conhecimento e Kant sublinha variadíssimas vezes que a sua teoria não elimina de modo nenhum a existência do mundo exterior ([2]). Só que nós não apreendemos essa realidade tal qual ela é em si mesma, mas tal qual ela se apresenta através da estrutura da nossa sensibilidade, como fenómeno por consequência ([3]). Em resumo, nós não temos nenhuma intuição das coisas em si — não mais da nossa alma que dos corpos; não os captamos espacializados,

---

([1]) *Critique de la raison pure*, p. 49.
([2]) *Critique de la raison pure*, pp. 73-74.
([3]) O fenómeno não deve ser assimilado a uma «simples aparência» (*loc. cit.*).

KANT

temporalizados; o espírito humano, limitado, é unicamente dotado de intuição sensível.

b) O entendimento (Analítica transcendental). — A sensibilidade, capaz de receber impressões, de ser afectada por elas, não basta para que haja conhecimento; é preciso que o espírito «pense o dado», o que de facto ele faz por meio de *conceitos.* O poder de produzir tais conceitos, denomina-o Kant *entendimento (Verstand)*, «espontaneidade», graças à qual nós pensamos «o objecto da intuição sensível». A colaboração da sensibilidade e do entendimento é necessária para o conhecimento humano: «Nenhuma destas duas propriedades é preferível à outra. Sem a sensibilidade, nenhum objecto nos seria dado; e sem o entendimento nenhum seria pensado. Pensamentos sem conteúdo *(Inhalt)* são vazios, intuições sem conceitos, são cegas.» (¹)

O entendimento colaborando com a sensibilidade, produz conceitos, tanto mais numerosos quanto mais cultivado for o espírito humano: os de árvore, de flor, de azoto, de oxigénio, etc. Estes conceitos, embora gerais, nem por isso deixam de merecer o qualificativo de «empíricos»; eles são a matéria dos nossos juízos. Kant pergunta-se se não existirão conceitos muito mais universais, que seriam como que os quadros dos nossos conceitos particulares; mais exactamente, se os nossos diversos juízos, que constituem a actividade essencial do espírito — *pensar, é julgar* — não implicarão como condição indispensável a intervenção velada de certos conceitos. Se eu digo, por exemplo: «As chuvas fazem brotar a erva», eu utilizo inevitavelmente os conceitos de pluralidade, de causa, de efeito, etc. Verifica-se, pois, que é impossível proferir juízos sem pôr em acção o que Kant, adoptando uma antiga terminologia, designa as categorias e cuja lista completa e sistemática, fundada na estrutura lógica e nas diferentes espécies de juízos, ele tenta estabelecer, coisa que Aristóteles não fizera. — Toda a gente reconhece a necessidade das categorias para pensar; a unanimidade deixa de existir, quando se trata de explicar a sua origem e o seu alcance. Uns sustentam que as categorias exprimem os aspectos mais gerais do ser, estabelecidos pela abstracção, e que, por con-

---

(¹) *Op. cit.*, p. 77. Kant acrescenta: «Estes dois poderes ou capacidades não podem trocar as suas funções. O entendimento não pode intuir nada, nem os sentidos pensar seja o que for. Somente da sua união pode sair o conhecimento.»

A FILOSOFIA

sequência, elas são válidas em todos os domínios. Os empiristas de todos os matizes (incluindo os pragmatistas, os «sociologistas») vêem nelas hábitos mentais adquiridos pouco a pouco e aos quais nos ativemos porque resultavam. Kant rejeitaria tais soluções. As categorias, condições indispensáveis do pensamento comum e científico, são, para ele, conceitos fundamentais, puros, *a priori*, do entendimento, que não pode pensar sem eles e sem os princípios que deles derivam, por exemplo, o princípio da causalidade. Tais conceitos, para serem empregados legitimamente, têm necessidade das intuições sensíveis, com as quais eles colaboram segundo um mecanismo cujo segredo Kant se esforça por penetrar. O «esquema transcendental, espécie de representação ao mesmo tempo intelectual e sensível que estabelece a ponte sobre o entendimento e a sensibilidade, desempenha aí um papel importante. Consiste nisto: eu não posso, por exemplo, aplicar as categorias de causa e de efeito a não ser que os dados sensíveis se me apresentem numa relação de sucessão; de igual modo, para me servir da categoria de substância, é necessário que previamente eu capte permanência no objecto. — Enfim, as próprias categorias, «funções *a priori*» do entendimento, supõem aquilo que Kant denomina «a percepção transcendental», «a consciência pura, originária e imutável» ([1]). A sua necessidade pode explicar-se através de um exemplo. A mesa em que eu escrevo é um objecto que tem a sua unidade; eu só vejo um aspecto de cada vez e só capto os outros sucessivamente. Nem por isso eu deixo de pensar este objecto como *um*. A partir daí não será então necessário que o espírito humano possa por seu lado operar a síntese dos diferentes actos pelos quais ele apreende a mesa? Para tal, deverá ser, ele próprio, dotado de unidade, aparecer como uma forma unificadora, condição última do conhecimento.

Já podemos agora circunscrever o domínio do entendimento. Este só pode fazer dos seus princípios *a priori* um «uso empírico»; tem unicamente o direito de aplicá-los «aos fenómenos, isto é, a objectos de uma experiência possível» ([2]). Se não se referirem a intuições sensíveis, as categorias deixam de ter «valor objectivo». Em resumo, o

---

([1]) *Critique de la raison pure*, p. 121.
([2]) *Critique de la raison pure*, p. 217.

KANT

entendimento «nunca pode ultrapassar os limites da sensibilidade dentro dos quais unicamente os objectos nos são dados», e só nos dá a conhecer os fenómenos, isto é, as intuições sensíveis, na medida em que com a ajuda das categorias nós as pensamos e as elevamos à dignidade de «objectos» [1]. As realidades que não possam ser captadas pelos sentidos e que sejam apreendidas apenas por uma intuição intelectual, Kant denomina-as *númenos (intelligibilia)*. Ele não tem dúvidas quanto à sua existência: «(...) segue-se naturalmente do conceito de um fenómeno (...) que alguma coisa que não é um fenómeno lhe deve corresponder, pois que o fenómeno nada pode ser por si próprio e fora do nosso modo de representação» [2]. Contudo, o espírito humano, unicamente capaz de intuição sensível, não tem nenhum «conhecimento determinado» do número; nem por isso tal conceito deixa de ser legítimo e necessário, mas trata-se de um conceito «problemático», «negativo», «limitativo», que impede a sensibilidade de considerar como absolutos os objectos da sua intuição. O conjunto dos fenómenos, estruturado com a ajuda das formas *a priori* da sensibilidade, das categorias e dos princípios que delas derivam, eis o que é atingido pelo nosso conhecimento. Esse conjunto identifica-se com a natureza, considerada não como «coisa em si», mas como a totalidade estruturada dos fenómenos, aos quais o entendimento impõe as suas leis *a priori*, porque «ele não as vai beber à natureza, mas prescreve-lhas» [3]. A natureza é assim «o produto da nossa espontaneidade», fórmula que nada oferece de inquietante nem de paradoxal, quando nos recordamos da doutrina da *Analítica transcendental*.

c) A razão (Dialéctica transcendental). — A natureza constitui um todo, a totalidade unificada dos fenómenos, cuja interdependência das partes Kant se compraz em sublinhar [4]; ela funda-se no entendimento, sistema de categorias comum a todos os homens. Existir uma natureza com leis absolutamente necessárias ou um entendimento com estruturas *a priori*, isso significa uma e a mesma coisa, a saber:

---

[1] *Ibid.*, p. 223.
[2] *Ibid.*, p. 226.
[3] *Prolégomènes*, p. 96.
[4] *Crítica da razão pura, 3.ª analogia da experiência*: «Todas as substâncias enquanto podem ser captadas como simultâneas no espaço, estão numa acção recíproca universal».

A FILOSOFIA

para que haja ciência e conhecimento verdadeiro em geral é preciso, não uma multiplicidade indeterminada, mas uma unidade definida, uma totalidade. A ideia de totalidade não está portanto ausente ao nível do entendimento; ela desempenha mesmo nele um papel importante. Todavia, esta totalidade é ainda apenas relativa; situa-se no plano da experiência, da ciência, onde podemos fazer um uso legítimo das categorias, um uso «imanente».

Mas é uma outra forma de totalidade que, para Kant, fundamenta, justifica, torna necessária a metafísica: «A totalidade absoluta de toda a experiência possível» ([1]). Esta totalidade ultrapassa toda e qualquer experiência dada e não é portanto ela própria uma experiência; com a afirmação desta totalidade, o pensamento atinge o seu ponto culminante; torna-se *razão (Vernunft)*: «Todo o nosso conhecimento começa pelos sentidos, passa daí para o entendimento e completa-se na razão, para além da qual nada há em nós de mais elevado para elaborar a matéria da intuição e para reduzi-la à unidade mais alta do pensamento» ([2]). O entendimento encontrava-se estruturado pelas categorias, que ele aplicava às intuições sensíveis; a razão, por seu turno «encerra em si o princípio das *ideias* e desse modo, eu entendo conceitos necessários cujo objecto entretanto não pode ser dado em nenhuma experiência. Estas ideias pertencem à natureza da razão tal como as categorias à do entendimento (...)» ([3]). Uma espécie de hiato separa o entendimento da razão; existe no entanto entre ambos uma incontestável continuidade. A totalidade absoluta a que a razão nos faz aspirar, envolve de algum modo a que se encontrava já ao nível do entendimento, ao mesmo tempo que convida a ultrapassá-la. O papel da razão é prescrever ao entendimento uma espécie de limite matemático ou um máximo, orientá-lo para um pólo que é preciso ter em mira sem poder jamais atingi-lo. A razão arrasta-nos assim para a totalidade absoluta, para o incondicionado; se, em cada etapa do conhecimento, o espírito humano se esforça por unificar o diverso, ao nível da razão ele leva o trabalho de unificação o mais longe possível e esforça-se por proporcionar «*a priori* e por meio de conceitos

---

([1]) *Prolégomènes*, p. 106. Esta totalidade é «a integralidade, isto é, a unidade colectiva de toda a experiência possível» (p. 107).
([2]) *Critique de la raison pure*, p. 254.
([3]) *Prolégomènes*, p. 107.

KANT

aos conhecimentos variados do entendimento, uma unidade que se pode chamar racional e que é inteiramente diferente da que o entendimento pode fornecer» [1]. Isso, repitamo-lo, é levado a cabo pelas ideias, «conceitos racionais necessários», absolutamente diferentes, «pela espécie, pela origem e pelo uso», das categorias. Elas apontam a direcção que o espírito deve tomar para responder à sua própria exigência de totalidade absoluta; elas designam menos objectos particulares que esta exigência de totalidade, e respondem em primeiro lugar a um «interesse especulativo» [2]. — Quais são essas ideias? Kant encontrara a origem das categorias nas funções lógicas do juízo; parece-lhe «muito natural procurar a origem das ideias nas três funções do raciocínio» [3]. Os raciocínios, do ponto de vista da lógica formal, dividem-se em categóricos, hipotéticos e disjuntivos, a que correspondem três incondicionados: as ideias de alma, de mundo e de Deus. A estas ideias que, segundo Kant, designam, sublinhemo-lo, menos um objecto determinado que uma exigência racional de totalidade, nada corresponde que seja dado na intuição sensível; não se lhes pode, pois, aplicar as categorias. Mas, inevitavelmente, nós fazemo-lo, cedendo assim a uma ilusão que a *Dialéctica transcendental* explica, sem pretender curar-nos dela. Essa ilusão produz-se a propósito de cada uma das ideias em questão.

A ideia de alma (paralogismos da razão pura) designa a totalidade dos fenómenos internos. Nós tentamos demonstrar que a alma é uma substância simples, espiritual, imortal. Mas a categoria de substância só pode ser utilizada se, previamente, a intuição empírica deu origem ao esquema da permanência. Ora, os fenómenos internos parecem envolvidos numa mudança perpétua e nós não temos a experiência da identidade do eu através do tempo. Sem dúvida, há de facto a consciência transcendental, função unificadora; mas é uma forma vazia, que não pode confundir-se com a permanência empírica de que teríamos necessidade para aplicar à alma a categoria de substância. Aplicando-lha, fazemos desta categoria um uso «transcendente», ilegítimo; a conclusão que nós tiramos a favor da imortalidade não é válida.

---

[1] *Critique de la raison pure*, p. 256.
[2] *Prolégomènes*, p. 107, 111-112.
[3] *Op. cit.*, p. 109.

A FILOSOFIA

A ideia de mundo (antinomia da razão pura) designa «a totalidade *absoluta* das coisas existentes». Quando a encaramos ao nível do entendimento, vamos chocar com questões susceptíveis de respostas aparentemente contraditórias; e entre a tese e a antítese, é impossível escolher. É o que se passa com a terceira antinomia que diz respeito à liberdade. Tenho razões para admitir que o determinismo não basta para a interpretação dos fenómenos e que é necessário recorrer a uma causa livre; mas tenho também argumentos para defender a antítese: não há liberdade e tudo acontece unicamente segundo as leis da natureza.

Quanto à *ideia de Deus*, «o ideal transcendental», que traduz no meu espírito a exigência da síntese última, e que é, também ela, uma estrutura necessária da razão, evoca um «ser originário», um «ser supremo»; e «na medida em que tudo lhe está submetido como condicionado, ele é denominado o ser dos seres (*ens entium*)». Mas a presença deste *ideal 'a priori'* na razão não implica ainda «a existência de um ser de uma tão eminente superioridade» ([1]). O espírito humano vai esforçar-se por demonstrá-la. Segundo Kant, não há, do ponto de vista especulativo, senão três provas possíveis da existência de Deus; ele faz delas uma crítica cerrada. — No que se refere ao argumento pela ordem do mundo, o argumento fisico-teológico, ele concede que «é o mais antigo, o mais claro, o melhor apropriado à razão comum»; «seria tentar o impossível pretender retirar alguma coisa à autoridade desta prova» ([2]). Contudo, ela permite apenas concluir pela existência de um «ordenador», não pela de um criador do mundo; pela de um Ser superiormente inteligente, mas não necessariamente infinito e perfeito. O argumento tem de ser completado. — Poderíamos dar remédio às suas insuficiências graças à *prova cosmológica* que, a partir da contingência do universo, faz remontar a um ser necessário, que tenha em si próprio a sua razão de ser? Kant, ainda aqui, confessa que este raciocínio «traz consigo a maior persuasão, não apenas para o vulgar entendimento, mas para o entendimento especulativo»; tem a vantagem de se basear na experiência do mundo em que vivemos e mesmo, poder-se-ia dizer, do mundo em geral, porque se nós perten-

---

([1]) *Critique de la raison pure*, p. 419.
([2]) *Ibid.*, p. 442.

KANT

cêssemos a um universo composto de um modo diverso do nosso, as realidades que o comporiam não deixariam por isso de ser, também elas, contingentes [1]. Mas Kant acrescenta logo que o argumento encerra «todo um ninho de pretensões dialécticas». Assenta na categoria de causa e no princípio de causalidade; ora, as categorias têm necessidade dos esquemas e aplicam-se apenas às realidades espaciotemporais; o seu emprego para realidades transcendentes é legítimo. Além disso, o argumento prova apenas a existência de um Ser necessário e não de um Deus absolutamente perfeito. Tenta-se de facto preencher a distância entre ambos, deduzindo da ideia de Ser necessário a infinita perfeição; mas, ao proceder assim, introduz-se sub-repticiamente o argumento ontológico. Com efeito, a fórmula: *o ser necessário é perfeito*, à qual se chega, pode, segundo as regras da lógica formal, transpor-se para a seguinte: *qualquer ser perfeito é necessário*; e, como não pode haver senão um ser perfeito, esta última proposição remete para a seguinte: *o ser perfeito existe necessariamente*, o que é a própria expressão do argumento ontológico. Este último, por conseguinte, constitui o nervo escondido, do argumento cosmológico.

Mas o argumento ontológico é discutível. Supõe que se tem o direito de passar do plano lógico para o da realidade; ora, mesmo que eu não pudesse *pensar* o ser perfeito sem o *pensar* existente, isso não provaria ainda que ele existe efectivamente. Além disso, ao raciocinar como Descartes: o ser perfeito tem todas as perfeições, a existência é uma perfeição, logo o ser perfeito existe em virtude da sua definição, encara-se a existência como uma qualidade semelhante em todos os aspectos às outras: a inteligência, a bondade, a beleza, etc., e que se alinharia ao lado delas. Mas a existência é de uma natureza particular e afecta todos os atributos de um ser, que ela faz sair, se assim podemos exprimir-nos, do mundo dos possíveis. Assim, a prova ontológica, à qual nos reconduz, «após uma ligeira volta», o argumento cosmológico, é impotente para estabelecer a existência de um Ser perfeito. É preciso pois confessar que, no plano teórico, não pode demonstrar-se tal existência.

d) As conclusões da Crítica. — No final da *Dialéctica transcendental*, é necessário traçar um balanço da crítica

---

[1] *Ibid.*, p. 432.

A FILOSOFIA

kantiana do conhecimento. Ela permitiu estabelecer as condições *a priori*, transcendentais, que intervêm na actividade de pensar, constituir aquilo a que Kant chama uma «teoria transcendental dos elementos». As formas da sensibilidade, as categorias e os princípios do entendimento, as Ideias da razão apresentaram-se-nos como pertencendo à própria essência do espírito humano. E uma vez postas a claro essas condições, foi possível à crítica fixar «os limites do seu uso». Assim, constituiu-se uma disciplina que Kant denomina «a metafísica na sua primeira parte» e que ele tem a pretensão de ter edificado de uma maneira definitiva e completa, sob uma forma rigorosa. Essa disciplina, ou se se preferir, essa teoria do conhecimento, julga Kant poder transmiti-la «à posteridade como uma aquisição utilizável e que será impossível aumentar alguma vez» ([1]).

Mas a crítica kantiana não deitará por terra a esperança que a metafísica tradicional tinha de provar a existência de Deus, a imortalidade da alma e a liberdade? Em certo sentido, sim. Com efeito, ela ensinou-nos que nós *conhecíamos* apenas as realidades deste mundo, porque o nosso saber deve apoiar-se na experiência sensível, a única ao nosso alcance; e, no plano científico, as demonstrações válidas são unicamente as da matemática e da física. Não estaríamos nós, a partir daí, encurralados no cepticismo, no que se refere à metafísica? E não poderia censurar-se à crítica o ter levado a cabo uma obra destruidora? Kant não o crê. Em primeiro lugar mostrou que nós *pensamos* inevitavelmente os objectos da metafísica e que nós os pensamos «legitimamente», isto é, «sem cair em contradição connosco próprios». É verdade que isso não nos autoriza a concluir «que um objecto corresponde» aos conceitos que nós temos das realidades transcendentes e Kant mostrou precisamente que de um ponto de vista teórico não se pode provar tal correspondência. Mas mostrou também por esse mesmo facto que não se pode provar o contrário: se é impossível demonstrar a existência de Deus, é igualmente impossível demonstrar a sua inexistência; do ponto de vista especulativo, não tenho razões decisivas para admitir uma ou outra. Isto, evidentemente, não nos adiantaria muito se não houvesse outros motivos susceptíveis de fazer optar a favor da existência de Deus;

([1]) *Critique de la raison pure*, prefácio à 2.ª ed., p. 21.

KANT

se os houver, num plano diferente do do conhecimento, eles
poderão doravante desempenhar o seu papel, sem temer as
objecções que viriam deste. Esses motivos, não sendo de
ordem teórica, só poderão surgir de um interesse prático,
cuja importância Kant sublinha variadíssimas vezes a partir
da *Crítica da razão pura*. Em relação aos objectos de metafísica: liberdade, imortalidade da alma, Deus, «o interesse
especulativo da razão é apenas muito débil» e a ciência
pode, em certo sentido, passar sem eles. Se no entanto eles
«nos são recomendados com tanta insistência pela razão, é
sem dúvida porque a sua importância é de ordem prática» [1].
De igual modo, será também por motivos tirados da acção
que nós admitiremos essas realidades transcendentes [2]. Sobre este tema, as reflexões de Kant abundam na última parte
da *Crítica*. Sublinhemos apenas para já duas conclusões que
ressaltam com evidência desses textos. Por um lado, Kant
quis salvar a metafísica tradicional; a sua intenção é manifesta. Para escondê-la, os neokantianos foram obrigados a
mutilar a obra de Kant [3]. Por outro lado, ele tentou recupe-
rar essa metafísica no interesse da vida moral, para um objectivo prático, consequentemente.

---

[1] *Critique de la raison pure*, pp. 539-540.

[2] *Op. cit.*, p. 22, nota: «Para *conhecer* um objecto, é necessário poder provar a sua possibilidade, quer pelo testemunho da
experiência da sua possibilidade, quer *a priori* pela razão. Mas eu
posso *pensar* o que quiser desde que não caia em contradição
comigo próprio (...) embora eu não possa responder que um objecto
corresponde ou não a esse conceito. Para atribuir a um tal conceito um valor objectivo, seria necessário algo mais. Mas, *esse algo
mais, não temos necessidade de procurá-lo nas fontes teóricas do
conhecimento, pode igualmente encontrar-se nas fontes práticas.*»

[3] Cohen (1842-1918), por exemplo, fundador da Escola de
Marburg, na sua obra de título significativo: *La théorie kantienne
de l'expérience*, não vê na *Crítica da razão pura* senão a teoria da
ciência. Reduz a «ideia» ao conhecimento científico e o absoluto
à experiência, indo até ao ponto de escrever: «A coisa em si é,
por conseguinte, a expressão de todo o espaço científico e da coe-
rência dos nossos conhecimentos».

II. A VIDA MORAL

Se Kant procura salvar a metafísica no interesse da vida moral, é sem dúvida porque ele concede a esta uma importância primordial. O pietismo persuadira-o dessa importância, revelando-lhe «a pura inspiração moral, a consciência da disciplina obrigatória, da lei mais repressiva que impulsiva, o sentimento do mal a vencer» [1]; ao ensinar-lhe que o autêntico valor do homem consiste menos nos talentos e nas riquezas, que numa vontade submetida ao dever e espiritualmente regenerada. A leitura de Rousseau tinha reforçado estas convicções e operado em Kant «uma espécie de conversão». Graças a Rousseau, compreendera melhor que a dignidade do homem, fundada na sua moralidade, não depende de modo nenhum das ciências e das artes, as quais, apesar dos seus progressos, não nos tornam necessariamente melhores nem mais felizes. Rousseau ensinara-lhe igualmente que a vida moral não tem necessidade de se apoiar em especulações complicadas e que ela pode conduzir-nos a uma metafísica válida. «Afastando a vã subtileza dos argumentos filosóficos, pretendendo consultar apenas a luz interior (ligada à consciência moral), Rousseau atestava a possibilidade de construir, com base em fundamentos indestrutíveis, a metafísica nova, a metafísica da liberdade e da razão prática» [2]. Tais convicções, uma vez adquiridas, vão dominar o pensamento de Kant; também se pôde escrever que «na experiên-

---

[1] Delbos, *La philosophie pratique de Kant*, 2.ª ed., p. 37.
[2] *Op. cit.*, p. 128.

KANT

cia moral fundamental se encontra a unidade original da sua filosofia» ([1]).

a) Estrutura da moralidade. — Se assim é, importa, para compreender esta filosofia, procurar, com Kant, as estruturas essenciais da vida moral, a cujo exame ele consagra os *Fundamentos da metafísica dos costumes* e a *Crítica da razão prática.* Também aqui, ele emprega a análise reflexiva. Que a exigência de moralidade caracteriza a humanidade, é um facto de que não podemos duvidar. Trata-se, para o filósofo, por meio de um método «totalmente abstracto», de isolar os elementos simples, *a priori,* que são as suas condições necessárias e sem as quais nem sequer poderia falar-se de vida moral. Nos *Fundamentos da metafísica dos costumes,* o objecto dessa análise é em primeiro lugar o juízo comum dos homens em matéria moral, o qual constitui uma base tão sólida como a experiência científica e contém em si mesmo o princípio da sua certeza, porque a verdade moral é directamente acessível a cada homem, que a reconhece desde que a sua reflexão seja solicitada. Kant tem a mesma confiança que Sócrates no juízo prático dos homens; e afirma-o. Só que, enquanto Sócrates analisa as opiniões comuns para estabelecer as definições de justiça, piedade, etc., o que se poderia já chamar a matéria da moralidade, Kant, no que lhe diz respeito, esforça-se por extrair daí o elemento formal, isto é, as condições *a priori,* libertas de toda a mistura empírica, que a fundamentam.

A análise da consciência moral comum permite a Kant clarificar a ideia de bem, um tanto equívoca. Os dons da natureza e da fortuna, qualidades como a coragem, o domínio de si, a perseverança, constituem vantagens incontestáveis; mas a consciência jamais qualificará esses bens como morais. Por si mesmos, de facto, eles não indicam ainda o uso que deles se pode fazer e é possível utilizá-los para o mal; a audácia e o sangue-frio de um criminoso tornam o seu crime mais odioso. Nada haverá então no mundo que possa ser absolutamente bom e de que seja impossível fazer um mau uso? Sim: a *boa vontade,* que é, para a consciência comum, a fórmula imediata do critério em nome do qual ela julga. A consciência moral, com efeito, não aprecia em

---

([1]) Krüger, *Critique et morale chez Kant,* trad. Régnier, Paris, Beauchesne, 1901, p. 88.

A FILOSOFIA

primeiro lugar os nossos actos pelos seus resultados, que nem sempre dependem de nós, mas segundo a máxima que os inspira, a *intenção* que nós temos ao agir. Esta não se confunde, é verdade, com a simples veleidade; ela deve, na medida do possível, traduzir-se na realidade, ser eficaz, e Kant tem o cuidado de não se esquecer disso. Nem por isso está menos persuadido de que a moralidade é fundamentalmente uma questão de intenção, e que este carácter deve ser sublinhado antes de qualquer outro.

Que intenção deve animar a boa vontade? Ao responder que esta é movida pelo *respeito do dever,* Kant dissipa vários equívocos. Pode acontecer, de facto, que as nossas acções estejam materialmente conformes com o dever, mas que nós as façamos por interesse ou inclinação: é o que se passa com o comerciante que vende ao preço justo para manter a sua clientela, ou com o homem que ajuda o seu próximo unicamente por simpatia. Comportando-se desse modo, eles permanecem no plano da *legalidade.* Esta exige apenas que se actue de acordo com a lei, pouco importando as intenções. A *moralidade* exige mais: que eu me conforme com o espírito e a letra da lei, que eu me conforme a isso por respeito por ela. Afirmando que o homem ainda se não elevou ao nível da moralidade, quando se deixa guiar exclusivamente pelas inclinações naturais; indo até ao ponto de dizer que se estará tanto mais seguro de ter agido moralmente quanto se teve de enfrentar essas inclinações, Kant expunha-se a ver-se acusado de *rigorismo* (¹). Mas tal censura, se se explica pela existência de certas fórmulas excessivas, nem por isso tem muito fundamento. Kant admite, efectivamente, que existem inclinações naturalmente boas; atribui também um grande valor aos hábitos, às virtudes que facilitam o cumprimento do dever e não nega de modo nenhum todo o valor moral ao acto realizado «com inclinação» (*mit Neigung*). Só que ele sublinha, não sem razão, que não seria ainda moral o acto realizado unicamente «por inclinação» (*aus Neigung*): se quer agir moralmente, o homem tem de inspirar-se no respeito pelo dever.

(¹) É conhecido o epigrama de Schiller: «Escrúpulo de consciência: Eu sirvo de boa vontade os meus amigos; mas, ai de mim! faço-o com inclinação, e assim sinto-me muitas vezes atormentado pelo pensamento de que não sou virtuoso (...)». Mas o próprio Schiller matizou a sua crítica do «rigorismo» kantiano, até ao ponto de, por fim, estar quase de acordo com Kant.

KANT

Mas o *respeito* não será ele próprio um sentimento? Decerto, mas um sentimento original. Ele tem analogias com o temor e a inclinação, aos quais se reduzem todos os nossos sentimentos. Com o temor, porque ele se reporta a uma lei a que a nossa sensibilidade se sujeita. O dever, com efeito, exerce sobre ela uma coacção. Ainda que eu avance na perfeição moral, existirão sempre em mim tendências que me levam a afastar-me da lei, «e nenhuma criatura pode estar totalmente livre de desejos e de tendências» [1]. O cumprimento do dever exige incessantes esforços; crer que se pode chegar ao ponto de agir moralmente «por amor», deixando de sentir o peso da obrigação, é cair naquilo a que Kant chama a ilusão e o fanatismo moral. — Mas se, por estas razões, o respeito apresenta analogias com o temor, por outro lado, ele assemelha-se à «inclinação»; reportando-se a uma lei posta pela nossa vontade, ele implica a consciência da nossa participação no valor da lei, realça a estima que nós podemos ter de nós próprios, faz-nos entrever a nossa dignidade [2].O respeito, sentimento *sui generis* que se apresenta a Kant como um «produto espontâneo da razão em nós», desempenha assim o papel de móbil na vida moral: agir moralmente, é agir sob o impulso do sentimento de respeito que a lei nos inspira.

Móbil da moralidade, o respeito não é o seu fundamento. Esta, com efeito, implica essencialmente um imperativo que se impõe a nós de uma maneira absoluta. Todas as coisas, na natureza, agem segundo leis; os seres racionais também; mas as suas leis, eles conhecem-nas previamente e a vontade não é neles mais que o poder de agir em conformidade com regras que exprimimos. Um ser no qual razão e vontade constituíssem apenas um, e que estivesse liberto de toda a influência estranha, escolheria sempre o que a razão considera como bom. Em contrapartida, um ser finito, cuja vontade sente a atracção de móbeis sensíveis por vezes em desacordo com a lei, não se conforma inevitavelmente com esta; e para ele, a lei apresenta-se sob o aspecto de uma imposição, de um mandamento, de um imperativo. O imperativo supõe

---

[1] *Critique de la raison pratique*, trad. Picavet, Presses Universitaires de France, 1943, p. 88.
[2] O respeito, segundo Kant, dirige-se à lei, nunca às coisas. Se muitas vezes parece dirigir-se a pessoas, é porque estas, pelas suas acções ou pelas suas qualidades, são exemplos ou símbolos da lei.

34

A FILOSOFIA

portanto uma vontade subjectivamente imperfeita, à qual é pedido que se decida de acordo com regras, não segundo os impulsos da sensibilidade. Os imperativos podem ser *hipotéticos* ou *categóricos*. Os primeiros, que se subdividem em *regras da habilidade* e em *conselhos da prudência*, têm de comum o ordenarem tal acção, mas em vista de outra coisa. A sua existência não põe problemas, por assim dizer [1]; ela rege-se pelo princípio: quem quer os fins, quer os meios. Entre ambos, há uma relação analítica. Aquilo a que eu estou directamente ligado neste imperativo, é ao próprio fim, à matéria do meu querer; uma vez que decidi quanto ao fim, a necessidade de assumir os meios deriva daí necessariamente: se quero ser médico, devo evidentemente estudar medicina. Podemos libertar-nos de um imperativo hipotético: basta deixarmos de querer o fim. — Mas, ao lado dos imperativos hipotéticos, há um *imperativo categórico* que, por seu turno, prescreve a acção como absolutamente necessária, sem referência a nenhuma condição, sem a subordinar a um outro fim. É desta maneira que se nos apresentam os imperativos da moralidade; eles não impõem um acto já logicamente pressuposto num querer anterior; eles não ligam a vontade à matéria do acto, mas à própria acção que ela deve levar a cabo e que não tem, de direito, a possibilidade de não levar a cabo. Estes imperativos prescrevem-nos que actuemos pura e simplesmente em conformidade com a lei. — Ora, uma lei caracteriza-se pela sua universalidade; donde a fórmula pela qual pode enunciar-se o imperativo categórico: *Age unicamente segundo a máxima que faz com que possas querer ao mesmo tempo que ela seja uma lei universal.* Esta fórmula faz abstracção de todo o conteúdo material e dos nossos actos morais considera apenas a sua fórmula necessária [2]. Ela deve no entanto, segundo Kant, encerrar «o princípio de todos os deveres». Não se trata de deduzir estes com a ajuda da experiência, mas de precisar em que sentido a fórmula que acabamos de citar os contém. Para lá chegar, Kant utiliza de uma maneira analógica o conceito de natureza. A natureza «exterior», já o sabemos,

---

[1] Deixamos de lado provisoriamente o problema da felicidade, de que vamos falar em breve.

[2] Donde aquilo a que se chama o «formalismo» da doutrina kantiana. Vários críticos lhe censuraram tal formalismo; veremos mais adiante o que há que pensar quanto a isso.

35

KANT

somos nós, sob certos aspectos, que a constituímos, impondo-
-lhe os quadros gerais graças aos quais ela se apresenta ordenada. Passa-se algo de semelhante a propósito da moralidade:
as máximas das nossas acções, universalizáveis, devem poder
constituir para as actividades uma ordem moral, uma «natureza» ética. Donde a segunda formulação do imperativo categórico: *Age como se a máxima da tua acção devesse pela
tua vontade ser erigida em lei universal da natureza.*

Mas não basta que a vontade actue conformando-se com
leis; ela é também a faculdade de prosseguir fins e é preciso
de facto que ela tenha um fim último, possuindo um valor
absoluto e impondo-se a todo o ser racional. Segundo Kant,
esse fim identifica-se com o próprio ser racional, sujeito de
todos os fins possíveis e que, a este título, não deve ser subordinado a nenhum fim particular. Mas, como nós não conhecemos por experiência nenhum outro tipo de ser racional
que não o homem, Kant julga-se autorizado a identificar a
«natureza racional» com a humanidade e chega assim a uma
fórmula: *Age de tal maneira que trates a humanidade tão
bem na tua pessoa como na pessoa de qualquer outro sempre ao mesmo tempo como um fim e nunca simplesmente
como um meio* [1].

Por esta fórmula, Kant afirma o valor absoluto da *pessoa*,
que não se mede com o uso que dele podemos fazer e que
deriva da própria razão. A noção de personalidade, que ganha
doravante na sua filosofia uma importância capital, designa
o homem no que ele tem de mais íntimo, na sua união estreita
com a lei moral que é «santa»; e é por isso que Kant nos
diz que a humanidade é santa, por causa desta personalidade
inviolável que só pode aliás ser garantida por uma ordem
em que a lei governa [2]. Mas a lei não se impõe de fora
nem de cima; deriva da própria vontade. O homem é um
fim em si, porque é ele próprio quem promulga a legislação
universal. A vontade de todo o ser racional deve pois ser
concebida como uma vontade legisladora universal. Assim

---

[1] A «natureza humana» não deve ser considerada como a
matéria da moralidade; de resto, Kant afirma variadas vezes que a
moralidade diz respeito ao ser racional e não apenas ao homem.

[2] *Critique de la raison pratique*, p. 93: «Tal é o verdadeiro
móbil da razão pura prática; não é mais que a pura lei moral ela
própria, enquanto nos faz sentir a sublimidade da nossa própria
existência supra-sensível (...)».

A FILOSOFIA

se compreende o interesse que nós dedicamos à lei, na qual reencontramos de uma certa maneira o nosso eu. Como seres racionais, nós promulgamos uma legislação à qual estamos sujeitos como seres racionais e sensíveis ao mesmo tempo, isto é, como seres limitados. Embora admitindo, tal como outros moralistas antes dele, que o homem está ligado pelo seu dever a uma lei, Kant sublinha que essa lei, apesar da sua universalidade, brota da minha vontade racional e que a vontade de todo o ser racional deve ser considerada como uma vontade legisladora universal. Ele estabelece assim o princípio fundamental da moralidade, tal como ele a concebe: a *autonomia*. Esse princípio estabelece entre a pessoa e a lei moral uma relação análoga à que Rousseau punha na ordem social; a obediência à lei justifica-se pela faculdade de ser o seu autor; longe de destruir a liberdade, ela supõe-na e manifesta-a [1]. Segundo Kant, a noção de autonomia é a única que pode definir o verdadeiro princípio da vida moral. Se se procurar a origem da lei no objecto que se visa, ou mesmo se ela for posta em Deus, cai-se na *heteronomia*; foi por terem recorrido a essa explicação que as filosofias morais do passado fracassaram, segundo Kant.

b) Moralidade e felicidade. — E no entanto a vida moral não será acaso comandada pela procura da felicidade? Não será porventura toda a moral «eudemonista», necessariamente? Kant não pode iludir este problema, cuja importância a leitura de Rousseau lhe mostrou. Ele sublinha, variadíssimas vezes, como se torna difícil definir a felicidade. Do ponto de vista formal, esta consiste «num máximo de bem-estar no meu estado presente e em toda a minha condição futura», isto é, no contentamento de um ser finito, cujas necessidades e desejos estariam plenamente satisfeitos. Mas, se se quiser precisar a matéria desse contentamento, construir «um conceito determinado da felicidade», fracassa-se inevitavelmente. Efectivamente, as nossas tendências, múltiplas e opostas, não podem ser satisfeitas todas ao mesmo tempo; a qual delas dar a primazia e em virtude de que critério? Além disso, a ideia que se faz da felicidade varia com as épocas, os lugares, a idade; vem, em larga medida,

---

[1] «A obediência à lei que a nós próprios prescrevemos é liberdade», proclama Rousseau no *Contrat social*, liv. 1.º, cap. VIII.

KANT

da sociedade, ainda que cada qual tenha a sua maneira própria de conceber a felicidade. Enfim, esta depende de condições múltiplas que escapam ao nosso domínio. Há que confessar que nós não sabemos em que consiste a felicidade, nem como obtê-la. — E no entanto não podemos impedir-nos de procurá-la. Não se trata de um objectivo que seria facultativo escolher ou abandonar à nossa vontade, mas «um fim que pode supor-se com certeza e *a priori* em todos os homens, porque faz parte da sua essência» [1]. Através dos fins particulares que nós nos propomos, temos implicitamente em mira a felicidade; se eu quero esta ou aquela coisa é para satisfazer uma ou outra das minhas inclinações e aproximar-me assim do contentamento total a que aspiro. A felicidade parece pois, de facto, o fim supremo de um ser racional e sensível.

*

* *

Será preciso concluir daí que ela é o princípio em que assenta a vida moral? Que o desejo e a procura da felicidade constituem o móbil e o motivo que devem inspirar as nossas acções? Que viver moralmente, é agir de maneira a proporcionar a si próprio, nas melhores condições, o máximo de contentamento e que a moral se identifica com a arte de ser feliz? Kant nega-o categoricamente. Ele distingue cuidadosamente moralidade e procura da felicidade. A moralidade supõe o dever; se, num certo sentido e em casos excepcionais, pode falar-se de um dever de ser feliz [2], a expressão nem por isso deixa de ser equívoca. O desejo da felicidade é, com efeito, natural e necessário; e não se obriga ninguém a querer o que em todo o caso já quer. — Por outro lado, se soubéssemos em que consiste a felicidade, os meios de adquiri-la impor-se-iam por si próprios; desejando-a necessariamente, não poderíamos descurar as condições nitidamente entendidas como indispensáveis à sua realização. Mas, ignorando a natureza da felicidade, nós nunca temos a certeza dos meios a empregar para alcançá-la; aqueles em que nos detemos têm apenas um carácter

---

[1] *Fondements de la métaphysique des moeurs,* trad. Delbos, Paris, Delagrave, 1960, p. 127.
[2] *Op. cit.,* p. 97.

A FILOSOFIA

«hipotético», «prudencial». — Enfim e sobretudo, ao confundir moralidade e procura da felicidade, subordinaríamos a primeira a algo de heterogéneo e arriscar-nos-íamos a transformar a atitude moral num cálculo interesseiro. De todos os princípios que se invocam para fundamentar a moral, «o princípio da felicidade pessoal é o mais condenável, não apenas porque é falso e porque a experiência contradiz a suposição de que o bem-estar se regula sempre pelo bem--fazer; não apenas porque ele não contribui de modo nenhum para fundamentar a moralidade, porque são coisas totalmente diferentes tornar um homem feliz e torná-lo bom, torná-lo prudente e perspicaz para seu interesse e torná-lo virtuoso; mas porque ele supõe subjacentes à moralidade móbeis que, pelo contrário, a minam, e arruínam toda a sua grandeza; incluem, com efeito, numa mesma classe, os motivos que levam à virtude e os que levam ao vício; ensinam tão-só a calcular, mas apagam absolutamente a diferença específica que há entre ambos» [1].

*
*   *

Se é preciso distingui-las com cuidado, não se deve entretanto separar nem opor moralidade e felicidade. Kant afirma, sem dúvida, que mesmo que a felicidade não devesse acompanhar a virtude, nem por isso deixaríamos de estar sujeitos ao dever, que conservaria a sua inalterável majestade [2]. Mas ele quer apenas sublinhar dessa maneira o carácter específico da moralidade e sua grandeza. Na realidade, fiel à grande tradição filosófica e religiosa, Kant, logo à partida, por assim dizer, supõe que o desejo da felicidade não pode ser frustrado se se preencherem as condições morais necessárias para alcançá-la, e que o justo, por consequência, não pode ser definitivamente infeliz. Felicidade e virtude devem finalmente unir-se. A sua união constitui o *soberano bem*, o *bem completo*, no seio do qual a virtude desempenha o papel de *bem supremo*, sendo a condição última a que deve

---

[1] *Op. cit.*, pp. 172-173.
[2] Cf., por exemplo, a *Critique de la faculté de juger*, trad. Philonenko, Paris, Vrin, 1965, n.º 87, pp. 254-259; e a *Religion dans les limites de la simple raison*, trad. Gibelin, Paris, Vrin, 1943, p. 26, nota.

KANT

subordinar-se a procura da felicidade. Se a realização do soberano bem não fosse possível, a própria lei moral, que ordena que nos tornemos dignos da felicidade pela nossa conduta, seria «fantástica, dirigida para um objectivo vão e imaginário, por conseguinte, falsa em si» [1].

Mas como qualificar «a ligação entre a felicidade e a virtude»? Para os estóicos e os epicuristas, tratar-se-ia de uma ligação analítica e de uma verdadeira identificação. Segundo os primeiros, basta ser virtuoso e ter consciência disso para ser feliz; para os segundos, é-se virtuoso desde que se procure a felicidade pelos meios mais adaptados. Kant concede aos estóicos que a prática da virtude gera um contentamento de si, que constitui uma peça mestra, quer dizer «um análogo da felicidade», contentamento superior ao que sentimos seguindo as nossas inclinações, as quais «aumentam com a satisfação que se lhes concede e deixam sempre um vazio ainda maior que aquele que se julgou preencher» [2]. Contudo, tal contentamento não constitui toda a felicidade; as nossas inclinações reclamam legitimamente o que lhe é devido e a experiência estabelece que os justos são por vezes infelizes. Kant, por outro lado, louva Epicuro por ter tido em alto apreço a alegria de uma boa consciência, a moderação, a «disciplina exercida sôbre as nossas inclinações»; censura-lhe o ter subordinado estas virtudes ao «gozo da felicidade». Estóicos e epicuristas não tiveram razão ao quererem identificar virtude e felicidade, como se aqui em baixo, na nossa existência empírica, bastasse ser virtuoso para ser feliz ou ser feliz para ser virtuoso. Felicidade e moralidade continuam a ser heterogéneas; o laço que as une não é analítico, mas sintético: é um laço de causalidade. E dado que a procura da felicidade se mostra incapaz de gerar a virtude — a análise da vida moral demonstrou-o — cabe à virtude fazer nascer a felicidade. Mas esta depende de condições empíricas e leis da natureza, sobre as quais a moralidade não exerce nenhuma acção directa. Se a virtude produz a felicidade, isso acontece pois apenas de uma maneira indirecta.

c) Da moral à metafísica. — A virtude não poderia produzir a felicidade e o soberano bem seria impossível se o

---

[1] *Critique de la raison pure*, p. 123.
[2] *Op. cit.*, p. 127.

A FILOSOFIA

homem pertencesse apenas ao mundo empírico. Mas a *Crítica da razão pura* autoriza-nos pelo menos a conceber «a nossa existência como número». Além disso a lei moral revela que eu sou capaz de dominar os meus instintos, de exercer uma causalidade que me situa no plano do supra-sensível. Estando-me assim aberto o acesso ao mundo dos números, eu posso doravante procurar com possibilidade de êxito as condições que tornam possível o soberano bem, em cuja realização eu estou, pela minha parte, obrigado moralmente a trabalhar.

O soberano bem consiste na união da virtude e da felicidade, sendo a primeira o elemento principal de que depende a segunda. Para ser verdadeiramente digno da felicidade, seria necessário que eu tivesse atingido a santidade. Ora, o homem, cá em baixo, chega geralmente apenas a um grau pouco elevado de moralidade. Deverá pois poder continuar o seu esforço para além da morte, indefinidamente, o que supõe a permanência da pessoa moral; por outras palavras, a imortalidade da alma. A realidade dessa imortalidade, indemonstrável no plano teórico, apresenta-se então como «um postulado da razão pura prática», uma proposição que se admite «em consequência de uma lei prática que tem *a priori* um valor incondicionado» [1]. Quanto ao segundo elemento do soberano bem, a felicidade, «estado de um ser racional a quem, em todo o curso da sua existência, tudo acontece segundo o seu desejo e a sua vontade» [2], ele depende da natureza e supõe a subordinação desta à moralidade. Tal subordinação só é possível se a natureza se encontrar nas mãos de um Ser omnipotente, que a produziu e se interessa pela moralidade. A existência de Deus, que não podia demonstrar-se no plano especulativo, é afirmada, também ela, a título de postulado da razão prática. Aos postulados da imortalidade da alma e da existência de Deus, Kant, na *Crítica da razão pura*, acrescenta o da liberdade, «considerada como causalidade de um ser enquanto ele pertence ao mundo inteligível», postulado que «decorre da nossa inde-

---

[1] *Critique de la raison pratique*, p. 132. A imortalidade apresenta-se assim como uma espécie de purgatório, em que a alma se purifica sem cessar; purgatório desmitificado, evidentemente.

[2] *Op. cit.*, p. 134.

KANT

pendência em relação aos sentidos», manifestada pela própria lei moral ([1]).

*

* *

Como qualificar a adesão dada a estes postulados e em que se baseia ela? Trata-se de uma adesão da razão, que é una, quer desenvolva a sua actividade no plano teórico quer no prático; de uma adesão comandada por um interesse supremo: o da moralidade. Nós devemos, com efeito, não apenas cumprir o dever, mas prosseguir a realização do soberano bem, portanto supô-la possível e admitir as condições indispensáveis a essa possibilidade. Em resumo, uma necessidade da razão prática, uma «necessidade moral», leva-nos a afirmar os postulados. Estes não são de modo nenhum simples hipóteses, mas o objecto «de uma pura crença da razão», a qual admite para uma finalidade prática a existência de realidades que, na sua aplicação especulativa, ela concebia somente como não contraditórias ([2]). A «fé da razão» não está em oposição com a actividade teórica desta; supõe, contudo, uma certa subordinação dessa actividade à função prática, subordinação facilmente compreensível, porque o nosso interesse primordial é menos de ordem especulativa que prática; consiste em saber como agir para alcançar o fim supremo. Assim concebida, a fé da razão não se confunde de modo nenhum com uma qualquer intuição supra-sensível ou com o sentimento ([3]).

([1]) Kant apresenta a liberdade de duas maneiras: como idêntica à lei moral, porque «se ela é para nós certa por si própria, ela é igualmente certa como tal e torna-se a este título o fundamento dos postulados». E por outro lado, na *Dialéctica* da *Crítica da razão prática*, ela é catalogada entre os postulados, ao lado da imortalidade da alma e da existência de Deus. Sobre o problema constituído por esta dupla apresentação da liberdade, cf. Delbos, *La philosophie pratique de Kant*, pp. 492-499.

([2]) *Critique de la raison pratique*, p. 135.

([3]) *Op. cit.*, p. 145. A fé da razão não se confunde com o acto de *fé histórica*, o do cristão, por exemplo, que admite a ressurreição de Cristo; nem com a fé segundo Jacobi, contacto inefável que me faz sentir que Deus e o mundo exterior existem. Ela não nos pede apenas que façamos *como se* Deus existisse, sem nos preocuparmos se ele existe ou não na realidade. Também não é uma exigência exclusivamente individual, pois se trata da razão, faculdade universal.

A FILOSOFIA

*

* *

Proporcionará ela um conhecimento das realidades numenais? Em certo sentido, sim. A razão teórica contenta-se em conceber as ideias de Deus, da alma e da liberdade; é incapaz de estabelecer que realidades lhe correspondem. Graças à razão prática, a existência destas realidades encontra-se assegurada e «assim o conhecimento teórico da razão pura recebe um incremento». Mas nós nem sempre temos a intuição desses objectos numenais, e não os apreendemos do modo como apreendemos as realidades do mundo espaciotemporal, não se lhes pode aplicar as categorias como aos dados dos sentidos; de igual modo, a nossa crença «não nos ajuda em nada a alargar o nosso conhecimento do ponto de vista especulativo» [1]. Contudo, as categorias conservam, mesmo na ausência de intuições sensíveis, uma significação; e eu posso, do ponto de vista prático sem dúvida, mas de uma maneira válida, utilizá-las para os objectos da minha crença racional, utilizá-las por analogia, menos para atingir a natureza divina em si mesma, «que nos é inacessível, que para determinar assim a nossa vontade» [2]. Deus, a cuja existência eu dou o meu assentimento por um acto de fé da razão, deverá possuir a «perfeição suprema», ser «omnisciente», a fim de conhecer a minha conduta e as minhas intenções mais secretas, omnipotente, presente em todo o lugar, eterno, criador, etc. Em resumo, a lei moral e as exigências do soberano bem permitem reencontrar o conceito tradicional de Deus, com todos os atributos clássicos, que eu admito agora, não por um interesse de ordem especulativa, mas para salvar os interesses supremos da moralidade. — O mesmo acontece para a imortalidade da alma.

*

* *

O Deus em que eu creio, criador de tudo o que existe, Pessoa moral absolutamente santa, apresenta-se-me também

---

[1] *Op. cit.*, p. 144.
[2] O conhecimento «analógico» dos númenos é abordado nas três *Críticas*, nos *Prolegómenos* e em *A religião dentro dos limites da simples razão*.

KANT

como Legislador. É verdade que, ao afirmar este atributo, eu passo do plano da moral para o da religião (natural). Mas entre ambos, há apenas uma diferença de perspectiva e não há qualquer oposição quanto ao fundo. Na moral, as leis baseiam-se na autonomia da razão; na religião natural, eu considero-as como mandamentos que emanam do Ser supremo, de quem eu posso esperar a realização do soberano bem. Esses mandamentos nada apresentam, contudo, de arbitrário nem de fortuito; «são leis essenciais de toda a vontade livre» (¹); também não trazem qualquer prejuízo à autonomia, que permanece sempre o fundamento da nossa vida moral. E a esperança de ver no além efectuar-se a união da felicidade e da virtude também não impede que a nossa conduta se mantenha desinteressada. Desinteressada, é preciso em absoluto que ela o seja, porque nós devemos agir unicamente por respeito pelo dever; «o temor ou a esperança não podem, como móbeis que são, ser tomados por princípios; com efeito, a partir do momento em que se tornam princípios, destroem o valor das acções» (²). A moral também não nos ensina, em rigor, como *tornar-nos felizes*, mas como *tornar-nos dignos da felicidade*. E a religião natural, embora apresentando Deus como legislador e garante do soberano bem, não pode nem deve mudar nada à estrutura essencial da moralidade (³).

*
* *

De tudo o que fica dito resulta que, para Kant, o mundo numenal, «supra-sensível», é essencialmente «um mundo moral», distinto do «reino da natureza», que lhe está subordinado. Kant chama-o «o *corpus mysticum* dos seres racionais», o «reino de Deus», o «reino da graça», o «reino dos fins». Este corpo místico compreende todos os seres racionais, «na medida em que o seu livre arbítrio, sob o domínio

---

(¹) *Critique de la raison pratique*, p. 139.
(²) *Ibid.*
(³) Segundo Kant, as religiões históricas, positivas, não podem, também elas, construir-se a não ser com base neste fundamento da vida moral, que têm de respeitar absolutamente. E, segundo Kant, o cristianismo é, de todas as religiões, a que melhor satisfaz tal exigência.

A FILOSOFIA

das leis morais, tem em si uma unidade sistemática universal tanto consigo próprio como com a liberdade de qualquer outro» (¹). Ele inclui primeiro os homens, a única espécie de seres racionais de que temos experiência; eventualmente, outros tipos possíveis de seres racionais; e, no cume, Deus. Estes seres, definindo-se pela sua autonomia, são todos eles «legisladores universais», «sujeitos morais», «pessoas», que devem tratar-se mutuamente como tal e nunca como coisas, objectos. Deus é o chefe desse universo moral porque «não está sujeito a nenhuma vontade estranha (...), é plenamente independente, sem necessidades, e com um poder que é sem restrição adequado à sua vontade» (²). As outras pessoas, ao mesmo tempo legisladoras e submetidas à lei, são simplesmente «membros do reino». Entretanto, nem o próprio Deus pode empregá-las unicamente como meios, tratá-las como coisas, porque todo o ser racional e livre é, para Deus, «sagrado», fim em si, digno de respeito. — As leis que regem o universo moral são exactamente as que a razão prescreve, quando ordena ou proíbe certas acções. Fora dessa esfera obrigatória, é permitido aos seres morais, no respeito mútuo das pessoas, prosseguir objectivos que eles se fixaram livremente. O mundo moral constitui assim o «reino dos fins», que os seres racionais e livres devem ou podem realizar. Ele é também, sob certos aspectos, um mundo fechado, porque a moralidade é uma questão de intenção; quem, senão Deus, pode apreciar o valor moral de cada ser racional?

d) Conclusão: críticas dirigidas à filosofia moral de Kant. — Contra a filosofia moral kantiana, contemporâneos e sucessores formularam críticas que se tornaram clássicas. Censurou-se-lhe o seu formalismo, o seu rigorismo, o seu anti-eudemonismo. Tais censuras, embora sob certos aspectos se expliquem, não têm o alcance que se lhes atribui. No que se refere ao *formalismo*, é certo que Kant, nos *Fundamentos da metafísica dos costumes* e na *Crítica da razão prática* quis apenas estabelecer as condições essenciais, *a priori*, sem as quais não haveria vida moral. Nem por isso se desinteressa da «matéria» da moralidade, dos actos que os homens têm de praticar ou de evitar na sua vida individual

---

(¹) *Critique de la raison pure*, p. 545.
(²) *Fondements de la métaphysique des moeurs*, p. 158.

KANT

e social. No fim da sua carreira, escreveu uma *Metafísica dos costumes*, que contém precisamente uma *doutrina do direito* e uma *doutrina da virtude*. Mesmo que esta obra se ressinta da velhice do autor, nem por isso deixa de provar que o formalismo kantiano não merece os juízos desfavoráveis que, desde Hegel até Scheler, foram feitos sobre ele. Nenhuma filosofia moral digna desse nome pode dispensar-se de definir as condições fundamentais e formais da moralidade. — Já evocámos o problema do *rigorismo* kantiano. Com a preocupação de fazer compreender que agir moralmente, é essencialmente agir por respeito do dever, Kant pretende que se está tanto mais seguro de ter praticado um acto moral autêntico quanto mais se teve de fazer violência às suas inclinações. Afirmação incontestável. Deve confessar-se que Kant confundiu depois, por vezes, aquilo que é um sinal não equívoco de moralidade, com a essência desta. Isso não justifica no entanto os gracejos de Schiller. Kant é, aliás, tão pouco rigorista que, calhando, não esconde a sua simpatia pelo epicurismo. — Enfim, a moral de Kant não é *anti-eudemonista*. É verdade que Kant dissocia o dever e a procura da felicidade; ele pretende que agir exclusivamente por desejo da recompensa ou temor do castigo, não é agir moralmente, já que o respeito do dever é inseparável do desinteresse. Antes de lhe não dar razão sobre estes pontos, seria necessário recordar que ele admite igualmente a existência em nós de um desejo natural de felicidade; ele afirma que esse desejo não pode ser frustrado, que a moralidade deve tornar-nos dignos da felicidade, que a virtude traz já por si própria um contentamento de si que é «o análogo da felicidade». E Kant ensina na *Metafísica dos costumes* que a vida moral nos obriga a procurar a nossa própria perfeição e a trabalhar para a felicidade de outrem. Se, como se escreveu, toda a moral é eudemonista, a de Kant não faz certamente excepção. Assim, há que rebater críticas que foram formuladas contra a filosofia moral de Kant.

46

III. A FINALIDADE NO SISTEMA KANTIANO

Na realidade, o problema que esta filosofia põe está noutro lugar. Kant foi tomando consciência disso pouco a pouco; na *Crítica da faculdade de julgar*, ele tentou defini-lo e encontrar-lhe uma solução, advertindo-nos, desde a Introdução, que é preciso considerar esta obra como o meio «para unir numa totalidade as duas partes da filosofia». Por isso, os comentadores atribuem-lhe uma grande importância e procuram nela de bom grado a chave do kantismo.

Kant tinha declarado que se a felicidade não estivesse ligada à virtude, a lei moral apresentar-se-ia «dirigida para um objectivo vão e imaginário» e haveria que desesperar da existência. A crença em Deus e na imortalidade traz sem dúvida a solução; mas esta, para ser plenamente justificada, deve responder a uma exigência mais geral. Admitir o acordo da felicidade e da virtude, da natureza e da moralidade, não será reconhecer no universo um sentido, supor um mundo onde reina a finalidade? Esclarecendo o que isso implica, poder-se-ão apresentar a uma nova luz os temas essenciais do kantismo.

a) O estatuto da finalidade. — A experiência que temos da nossa actividade sugere o conceito de finalidade; nós prosseguimos objectivos concebidos de antemão; tais objectivos, não ainda realizados, fazem com que se actue graças à representação que deles nos formámos. Por analogia, aplicamos o conceito à natureza e falamos de finalidade interna e externa. Na primeira, as diversas partes de um ser concorrem para a sua harmonia, determinando a ideia do todo, a forma

KANT

e a ligação das partes, «as quais são reciprocamente causa e efeito da sua forma» ([1]). Por finalidade externa, entende-se «aquilo pelo que uma coisa na natureza serve de meio a uma outra, em vista de um fim» ([2]). Para explicar a finalidade, supomos uma inteligência, análoga à nossa, que pensa o todo antes de organizar as partes, o fim antes de encontrar os meios. — Mas que estatuto conferir ao conceito de finalidade? Para descobri-lo, Kant emprega de novo a análise reflexiva. Ela permitira estabelecer as categorias e as «leis transcendentais universais», por exemplo, toda a mudança tem a sua causa, que nós prescrevemos à natureza para «constituí-la» e tornar possível o conhecimento dos objectos. Os juízos, em que aplicamos estes «elementos *a priori*» aos dados sensíveis, qualifica-os Kant de *determinantes*. Bastarão eles para explicar o conhecimento da natureza? Não inteiramente. Os quadros gerais, as leis universais que nós lhe impomos, não se identificam evidentemente com as múltiplas leis particulares que a ciência procura descobrir. Estas leis, com efeito, não derivam de modo nenhum da nossa espontaneidade; são, pelo contrário, um dado que se impõe a nós com as aparências da contigência: a água ferve aos 100°, poderia fazê-lo igualmente aos 80°, ao que parece. Entretanto, apesar desta contingência, eu não posso admitir que as leis empíricas sejam instáveis, sem relação umas com as outras e que formem um conjunto caótico, incoerente, o que tornaria o universo absurdo, e impossível a procura metódica das suas leis. É preciso supor que estas constituem um todo ordenado; uma unidade, contingente sem dúvida, mas que é a única a poder «estabelecer um encadeamento de conhecimentos empíricos em vista de uma totalidade da experiência»; uma unidade, insondável para nós, mas pelo menos concebível e que eu não posso dispensar para compreender o universo ([3]). À unidade sistemática das leis empíricas, referimo-nos nós quando dizemos que «a natureza toma o caminho mais curto», «que ela não faz saltos», que «a grande diversidade das leis empíricas deve reduzir-se à unidade sob um pequeno número de princípios» ([4]). Assim,

---

([1]) *Critique de la faculté de juger*, trad. Philonenko, Paris. Vrin, 1965, n.º 65, p. 192.
([2]) *Op. cit.*, n.º 82, p. 236.
([3]) *Op. cit.*, Introdução, V. p. 31.
([4]) *Op. cit.*, p. 30.

A FILOSOFIA

a procura das leis exige na natureza uma ordem, um sentido, finalidade; por outras palavras, um novo «princípio transcendental de conhecimento», um novo «princípio *a priori* da possibilidade da natureza» ([1]).

A finalidade seria portanto uma categoria do entendimento, um «princípio constitutivo» da experiência? De modo nenhum. Não se trata de uma condição para o *juízo determinante*, mas para o *juízo reflector*. Com a ajuda das categorias e dos princípios que delas decorrem, nós prescrevíamos *a priori* à natureza leis absolutamente universais, sem as quais o conhecimento dos objectos seria impossível; fornecíamos os quadros gerais indispensáveis. — Aqui, pelo contrário, partimos das leis particulares e, reflectindo sobre elas, consideramo-nos incapazes, dada a condição da nossa faculdade de conhecer, de empreender a procura dessas leis de uma maneira metódica e com possibilidade de êxito, a menos que se suponha que elas constituem um conjunto estável, coerente, um todo organizado. Desta vez, o nosso juízo não é de modo nenhum determinante; não prescreve nada à natureza nem constrói os objectos; é um juízo *reflector*.

*

* *

A ordem e a unidade, que devem supor-se no universo, encontram-se no ser vivo, esse «pequeno mundo» organizado sistematicamente; é o mesmo problema que se põe para o microcosmo e o macrocosmo. No organismo, com efeito, as partes que constituem uma «unidade total» «são reciprocamente causa e efeito da sua forma», e «a ideia do todo determina esta, assim como a ligação das partes». Cada parte, «dado que não existe a não ser em virtude de todas as outras, é concebida também como existente para as outras e para o conjunto (...) como um órgão que gera os outros e reciprocamente», o que não se vê numa máquina, por mais aperfeiçoada que ela seja. «Um ser organizado não é uma máquina, porque esta detém apenas uma *força motora*, mas o ser organizado possui uma *força formadora (bildende Kraft)*, que comunica aos materiais que a não possuem (...), energia formadora que se propaga e não pode ser explicada

([1]) *Op. cit.*, pp. 32-33.

KANT

só pela potência motora, pelo mecanismo» (¹). Por isso, temos necessidade, para compreender um organismo, «produto da natureza em que tudo é fim e meio reciprocamente», de um princípio que, num sentido, é sugerido pela experiência (²), mas que, dada a sua universalidade e a sua necessidade, se apresenta como um princípio *a priori* do juízo reflector; princípio esse que serve, a quem quiser pronunciar-se sobre a vida, «de fundamento para o conhecimento da unidade sistemática da forma e da ligação dos elementos diversos contidos na matéria dada»; princípio exigido por razões tiradas da natureza particular e dos limites do nosso entendimento (³). O recurso à finalidade não impede de modo nenhum que procuremos os antecedentes dos fenómenos. Temos o direito e a obrigação de fazê-lo, de utilizar ao máximo o princípio do mecanismo, porque se eu o não colocar na base das pesquisas, não pode haver ciência da natureza. Entre este princípio e o da finalidade, não há oposição: elas não se situam no mesmo plano.

b) Será a natureza feita para o homem? — Até aqui, encontrámos finalidade nos seres vivos, nas leis do universo (e no prazer estético). Mas, uma vez na posse do princípio da finalidade, nós alargamos inevitavelmente a sua aplicação; passando da finalidade interna para a finalidade externa, procuramos se se pode descobrir um sentido em toda a natureza. Os diferentes seres que ela contém terão sido feitos e organizados num vasto sistema, em vista de um fim e que fim? Se respondêssemos que o universo foi criado para nada, ele apresentar-se-nos-ia dominado pela falta de sentido; mas a presença constatada da finalidade leva-nos a admitir de preferência que ele foi criado em vista de qualquer coisa. De quê? Não bastaria afirmar que cada ser vivo existe para si próprio, porque a questão envolve de igual modo o con-

---

(¹) *Op. cit.*, n.: 65, pp. 192-193.

(²) Deixamos de lado o problema da *finalidade estética*, harmonia do objecto, com o jogo livre, sem constrangimento, das nossas faculdades. Não que menosprezemos de modo nenhum a importância da primeira parte da *Crítica da faculdade de julgar*, nem os problemas delicados das suas relações com a segunda parte; mas dada a natureza e o objectivo da colecção, julgámos preferível insistir mais nesta segunda parte, mais susceptível talvez de fazer compreender as intenções de Kant e a marcha geral do seu pensamento.

(³) *Op. cit.*, n.º 82, p. 240.

A FILOSOFIA

junto: tal conjunto existe em vista de que objectivo? Diremos acaso que a totalidade do universo como tal constitui o objectivo supremo, sendo cada ser apenas um meio ou um momento na realização dessa totalidade? Mas não se veria ainda claramente como e sob que aspecto o Todo constitui o fim último, «aquele fim que não supõe nenhum outro como condição da sua possibilidade» (¹). Sem dúvida, a totalidade não está subordinada a nada, por definição; mas é no interior dessa totalidade que se deve encontrar o objectivo último que inspira a sua organização. Kant, em todo o caso, põe o problema desta maneira e procura se não haverá, entre os seres deste mundo, um ser ao qual o resto estaria subordinado. Segundo ele, a inteligência mais comum, quando reflecte sobre o universo, conclui que deve ser assim. O universo, efectivamente, sejam quais forem a sua complexidade, riqueza e harmonia, «existiria em vão», «seria um deserto inútil e sem objectivo final», se não houvessem homens ou outros seres racionais. O homem é portanto o fim supremo da natureza (²). Em que sentido? Sob variadíssimos aspectos, ele próprio faz parte dela; se ele for encarado exclusivamente sob este ângulo, como espécie biológica, torna-se difícil ver nele o fim último de todas as coisas. Pode admitir-se, sem dúvida, que o reino mineral foi criado para os seres vivos, os vegetais para os animais e os animais para o homem; contudo, Linné mostrou que seria fácil inverter a relação e pretender que o homem não é senão um meio utilizado pela natureza para realizar «um certo equilíbrio entre as suas forças produtoras e destruidoras (³). Por outro lado, a natureza não parece privilegiar o homem por aí além; parece antes fazer dele apenas «um elo na cadeia dos fins naturais». Por isso, não se pode, sem ir ao encontro de numerosas objecções, sustentar que ela foi produzida em ordem à nossa «felicidade terrestre», tanto mais que seria necessário não apenas definir esta — coisa difícil, como sabemos — mas também precisar se se trata da felicidade do indivíduo ou da espécie. A natureza parece antes ter sido criada em ordem a ensinar-nos a prosseguir fins sugeridos por ela, que nós escolhemos e realizamos neste mundo. Em resumo, ela parece destinada a suscitar e a desenvolver a

---

(¹) *Op. cit.*, p. 244.
(²) *Ibid.*, p. 250.
(³) *Ibid.*, p. 238.

KANT

cultura, «aptidão a propor-se fins em geral», a qual «pode ser o fim último que se tem alguma razão em atribuir à natureza em relação à espécie humana» ([1]). A cultura, com efeito, refere-se directamente mais à espécie que ao indivíduo. Muitos homens não gozaram praticamente senão de um embrião de cultura. Terão eles então falhado o seu objectivo?

*

*　　*

Esta dificuldade prova desde logo que nós não atingimos o fundo do problema. É verdade que o homem se afirma justificadamente «o senhor da natureza», por causa da sua razão e da sua liberdade. Mas a sua supremacia não consiste apenas no facto de ele ser capaz de contemplar o universo, porque não é o facto de serem conhecidas que daria valor às coisas, sobretudo se elas nos aparecessem incoerentes e sem objectivo. A nossa supremacia também não se esgota no poder que nós temos de dominar a natureza, de nela introduzir ordem e harmonia, porque seria ainda necessário saber para que fins utilizar o nosso domínio sobre as realidades deste mundo. Conhecimento e dominação do universo são índices e condições do nosso «domínio como senhores», mas não definem a sua essência. Somos superiores à natureza e podemos constituir para ela o fim supremo porque, graças à razão e à liberdade, pertencemos ao mundo numenal, supra-sensível. É portanto como ser moral que o homem se torna o fim último da criação. Com efeito, não apenas ele se mostra capaz de prosseguir fins mas, ligado de uma maneira absoluta pelo dever na escolha desses fins, ele obriga-se a trabalhar, tanto quanto depende dele, na realização do soberano bem, só possível no além; apresenta-se assim «como o único ser da natureza no qual possamos reconhecer, em virtude da sua própria constituição, um poder supra-sensível (a liberdade)» ([2]). Não vamos procurar mais longe por que é que o homem existe: ser numenal, ele existe para realizar livremente o seu destino moral; não pode atribuir-se-lhe fim superior. Também não procuremos noutro lado o fim supremo da natureza: ela não foi criada para tornar o homem

---

([1]) *Op. cit.*, p. 241.
([2]) *Op. cit.*, pp. 244-245.

A FILOSOFIA

feliz aqui em baixo, mas para lhe permitir, se ele se tornar digno da felicidade, alcançar o soberano bem, ao qual ele não pode impedir-se de aspirar.

Quando se põe o problema sob este prisma, o homem, fim último da natureza, significa evidentemente o indivíduo; trata-se do destino da pessoa mais que do da espécie. A vida moral, que supõe razão e liberdade e se julga segundo as intenções do sujeito, é questão pessoal; e todo o ser humano, sejam quais forem a época e a sociedade em que vive, é, sob este aspecto, responsável pelo seu destino. Não pode, entretanto, descurar-se o problema do fim colectivo da nossa espécie. Qual é o objectivo para o qual ela tende? Contribuirá a natureza, e de que maneira, para a realização desse objectivo? Pôr estas questões, é abordar o problema do progresso. Se se trata do progresso moral, há que distinguir o progresso moral nos indivíduos e na humanidade. Cada homem deve tender a aperfeiçoar-se moralmente; consequentemente, ele é capaz disso; mas nós, não podendo perscrutar as intenções de outrem e conhecendo muitas vezes mal os móbeis que nos fazem agir a nós próprios, julgamos do progresso moral individual — do nosso e do de outrem — somente a partir dos actos, e a nossa apreciação fica sujeita a caução. — Obrigados a cumprir os nossos deveres na sociedade, somos forçados a trabalhar para o seu progresso moral, que se traduz nas instituições e se apresenta como um ideal a prosseguir constantemente e que deve realizar-se aqui em baixo. Poderemos constatar se nos estamos a aproximar dele e que o progresso é efectivo? Kant diz que sim e vê o indício disso no movimento que a Revolução Francesa suscitou; esse progresso, na sua opinião, deve levar à instauração de uma organização internacional capaz de impedir as guerras [1]. Por outro lado, o progresso moral da humanidade, tal como o do indivíduo, está ligado ao desenvolvimento da cultura, isto é, das belas-artes e das ciências, o qual, apesar dos inconvenientes que encerra e dos males que arrasta consigo, contribui «para reduzir cada vez mais a grosseria e a brutalidade das nossas tendências» [2]. Em resumo, as formas do progresso condi-

---

[1] Cf., por exemplo, *Conflit des facultés en trois sections*, 2.ª secção: *Question renouvelée: Le genre humain est-il en constant progrès vers le mieux?*, trad. Gibelin, Paris, Vrin, 1955. *Le projet de paix perpétuelle*, etc.

[2] *Critique de la faculté de juger*, p. 243.

53

KANT

cionam-se mutuamente: o progresso moral do indivíduo, a partir do qual ele pode esperar a realização, no além, do soberano bem, influi sobre o progresso das instituições e sobre o bom ou mau uso da cultura; inversamente, a organização da sociedade humana e o desenvolvimento das ciências e das artes têm a sua repercussão na moralidade dos indivíduos, que facilitam ou tornam mais difícil. Trata-se de fins que se entrelaçam e se sobrepõem uns nos outros, poder-se-ia dizer; o soberano bem da pessoa moral constitui, no entanto, o fim supremo ao qual o resto está subordinado. Se há de facto, como afirma Kant, uma «tendência moral da humanidade, considerada na sua totalidade, para o melhor», essa tendência assegura menos o progresso da moralidade propriamente dita, questão de intenção, que o da legalidade; aumenta apenas o número dos actos materialmente conformes com o dever, seja qual for a intenção que os inspira ([1]). Outra maneira de sublinhar que o fim supremo de todas as coisas consiste exclusivamente na realização, no mundo numenal, do soberano bem para a pessoa moral.

c) Finalidade natural e finalidade moral. — Se é verdade que, na síntese kantiana, a ideia de moralidade está sempre subjacente, a de finalidade também lá se encontra constantemente presente. Como se combinam elas? A finalidade que verificamos na natureza obriga-nos, dada a situação da nossa faculdade de conhecer, a afirmar, no plano do juízo reflector, a intervenção de uma (ou de várias) inteligência ordenadora. Reencontramos assim o argumento teleológico que, como Kant sublinhou, não chega a estabelecer a existência de uma inteligência suprema, de um Ser absolutamente perfeito, eterno, etc.; e tão-pouco nos revela em vista de quê o universo foi feito. — Ao lado da finalidade «natural», existe o que poderia chamar-se uma finalidade de ordem moral. O homem é absolutamente obrigado a cumprir o seu dever; além disso, ele sente um desejo «natural e necessário» para uma felicidade, que ele deve alcançar obedecendo à lei, e não concebe que aquele que realiza essa condição possa ver frustrado esse desejo. Como esse desejo não pode ser satisfeito a não ser no além, por alguém que, senhor da natureza, a põe ao serviço da felicidade dos justos, daí se conclui pela existência de Deus e pela imortalidade, não porque

---

([1]) *Conflit des facultés*, 2.ª secção, n.º 9.

A FILOSOFIA

estas proposições sejam indispensáveis *para* a moralidade, que se basta a si própria, mas antes porque elas são tornadas necessárias *por* ela. Por conseguinte, elas são admitidas em vista de um interesse moral, num acto de fé da razão prática. — Em contrapartida, raciocinando a partir da finalidade natural, dado da experiência, constrói-se simplesmente uma hipótese teórica: a de uma inteligência ordenadora, sem a qual não poderíamos explicar essa finalidade. O argumento das causas finais, além de não permitir concluir pela existência daquilo a que comummente se chama Deus, também não suscita um acto de fé, mas apenas a adesão a uma hipótese teórica, adesão essa que, apesar do seu valor, não pode confundir-se com a crença racional.

As relações entre o argumento da finalidade e o argumento moral são entretanto íntimas e complexas, e é necessário sublinhar os seus principais aspectos. A finalidade verificada no mundo convida a concluir por um universo ordenado, harmonioso, equilibrado. Em tal cosmos, a existência humana constituiria acaso uma excepção, uma escandalosa anomalia? Seríamos forçados a admiti-lo, se o homem, ligado pelo dever e aspirando necessariamente à felicidade, de que deve tornar-se digno pela fidelidade ao dever, se o homem, dizia eu, tendo feito o que dependia de si, visse frustrado o desejo de felicidade. Kant rejeita tal hipótese e toda a sua argumentação parece apoiar-se no princípio seguinte: um desejo natural e necessário num ser que preenche as condições dele exigidas, deve ser satisfeito num universo ordenado. O justo, que aspira necessariamente à felicidade e que dela se tornou digno pela sua moralidade, deverá pois alcançá-la, o que implica a realização das condições indispensáveis que não são da sua alçada: a existência de Deus e a imortalidade. Kant aproxima-se assim dos filósofos e dos teólogos que quiseram demonstrar a existência de Deus pelo «desejo da beatitude», prova concebível se se admitir, à partida, um universo ordenado e não absurdo. Nesta perspectiva e para tal argumentação, a constatação da finalidade no mundo com tudo o que ela implica, parece servir de preâmbulo ao «argumento moral».

De uma outra perspectiva, este argumento, aos olhos de Kant, é primeiro e basta-se a si próprio. Antes mesmo de captar a finalidade natural e de apreciar o seu alcance, a consciência recusa-se a admitir que o justo possa ser definitivamente infeliz e que haja a possibilidade de um divórcio

KANT

irreparável entre a felicidade e a virtude; a partir desta convicção espontânea, ela conclui pela existência de «uma causa suprema que governa o mundo segundo leis morais». Em resumo, «desde que os homens começaram a reflectir sobre o justo e o injusto», admitiram imediatamente uma «finalidade na ordem moral» e daí tiraram os pressupostos. Esta finalidade moral, uma vez reconhecida, ajudou-os a descobrir e a admirar a finalidade natural, a qual, por sua vez, pôde reforçar a nossa crença num universo moral coerente [1]. Dir-se-á que o filósofo tem na verdade um trabalhão para demonstrar o que já se encontra no fundo da consciência de qualquer um? A esta questão tinha Kant respondido na *Crítica da razão pura*: «(...) exigem portanto que um conhecimento que interessa todos os homens esteja acima do senso comum e só seja revelado pelos filósofos (...); a natureza, naquilo que interessa a todos os homens sem distinção, não pode ser acusada de distribbuir parcialmente os seus dons, e (...) em relação aos fins essenciais da natureza humana, a mais alta filosofia não pode levar mais longe que a orientação que ela confiou ao senso comum» [2].

---

[1] *Critique de la faculté de juger*, p. 264: «Segundo toda a verosimilhança, foi por este interesse moral que foi atraída a atenção para a beleza e os fins na natureza (...)».

[1] *Critique de la raison pure*, p. 557.

A OBRA

I. PRINCIPAIS EDIÇÕES ALEMÃS

Immanuel Kant, Werke, ed. Hartenstein, 10 vol., Leipzig, 1838-1839.
Id., ed. Rosenkranz, 12 vols., Leipzig, 1838-1842 (12.º vol.: *Geschichte der kritischen Philosophie*).
Id., ed. da Preussische Akademie der Wissenchaften in Berlin, 19 vol., 1902-1928.
Id., ed. Weischedel, in Insel Werlag, Wiesbaden, 1956, 6 vols.

II. TRADUÇÕES FRANCESAS
(citadas segundo as últimas edições)

La dissertation de 1770, tradução com uma introdução e notas de P. Mouy, Paris, Vrin, 1964.
Critique de la raison pure (1781), trad. Tremesaygues e Pacaud, 6.ª ed., Paris, Presses Universitaires de France, 1967.
Prolégomènes à toute métaphysique future qui pourra se présenter como science (1783), trad. Gibelin, Paris, Vrin, 1963.
Fondements de la métaphysique des moeurs (1785), trad. Delbos, Paris, Delagrave, 1960.
Critique de la raison pratique (1788), trad. Picavet, Presses Universitaires de France, 5.ª ed., 1966.
Critique de la faculté de juger (1790), trad. Philonenko, Paris, Vrin, 1965.
La region dans les limites de la simple raison (1793), trad. Gibelin, Paris, Vrin, 1952.
Conflit des facultés en trois sections (1798), trad. Gibelin, Paris, Vrin, 1955.
Anthropologie au pont de vue pragmatique (1798), trad. Foucault, Paris, Vrin, 1964.
«Considérations sur l'optimisme» (1959). «L'unique fondement possible d'une démonstration de l'existence de Dieu» (1763). «Sur l'insuccès de tous les essais de Théodicée» (1791). «La fin de

KANT

toutes choses» (1794), em *Pensées successives sur la théodicée et la religion*, trad. Festugière, Paris, Vrin, 1963.

Méthaphysique des mœurs (1797), trad. Barni, Paris, Durand, 1853, 1855, compreende 2 volumes: *Éléments métaphysiques de la doctrine du droit, Éléments métaphysiques de la doctrine de la vertu.*

Vers la paix perpetuelle (1795), trad. Darbellay, Paris, Presses Universitaires de France, 1958.

Essai pour introduire en philosophie le concept de grandeur négative (1763), trad. Kempf, Paris, Vrin, 1949.

Observations sur le sentiment du beau et du sublime (1764), trad. Kempf, Paris, Vrin, 1953.

Opus postumum (extractos), trad. Gibelin, Paris, Vrin, 1950.

Premiers principes métaphysiques de la science de la nature (1786), trad. Gibelin, Paris, Vrin, 1952.

Réponse à Eberhard, trad. Kempf, Paris, Vrin, 1959.

Traité de pédagogie (1763), trad. Barni, notas de Thamin, 1910.

Réflexions sur l'éducation, trad., introd. e notas de A. Philonenko, Paris, Vrin, 1966.

Lettres sur la morale et la religion, trad. Bruch, Paris, Aubier, 1969.

Sob o título *Kant, la philosophie de l'histoire (Opuscules)*, Paris, Aubier, 1947, Piobetta publicou textos de Kant sobre as raças humanas, a ideia de uma história universal e sobre a definição de *Aufklärung*.

58

EXTRACTOS

1) *Importância da metafísica*

A razão humana tem este destino singular, num género dos seus conhecimentos, de ser sobrecarregada por questões que não poderá evitar, porque lhe são impostas pela sua própria natureza, mas às quais não pode responder, porque elas ultrapassam totalmente o poder da razão humana.

Não é por culpa sua que ela cai em tal embaraço. Ela parte de princípios cuja aplicação é inevitável ao longo da experiência e ao mesmo tempo suficientemente garantida por essa experiência. Auxiliada por eles, sobe cada vez mais alto (como aliás lhe permite a sua natureza), para condições mais distantes. Mas, apercebendo-se que, desse modo, a sua obra tem de ficar sempre inacabada, dado que as questões nunca mais têm fim, vê-se na necessidade de recorrer a princípios que ultrapassam toda a prática possível na experiência e parecem contudo tão dignos de confiança que estão mesmo de acordo com o senso comum. Por isso, ela precipita-se numa tal obscuridade e em tais contradições que daí pode concluir que deve em algum lado ter-se apoiado em erros escondidos, sem todavia poder descobri-los, porque os princípios de que se serve, ultrapassando os limites de toda a experiência, já não reconhecem nenhuma pedra de toque da experiência. O terreno em que se travam estes combates sem fim chama-se a *Metafísica*.

Houve tempo em que esta última era chamada a *rainha de todas as ciências*, e, se se tomarem as intenções pelos factos, ela merecia perfeitamente esse título de honra, por

KANT

causa da importância capital do seu objecto. Actualmente, no nosso século, está na moda testemunhar-lhe o maior desprezo (...). Hoje, quando (como se julga) se tentaram em vão todos os caminhos, reinam o desdém e o total *indiferentismo*, que geram o caos e as trevas nas ciências, mas que são no entanto ao mesmo tempo a fonte, ou pelo menos o prelúdio, de uma próxima transformação e de um renascimento (*Aufklärung*) dessas mesmas ciências, que um zelo desajeitado tornou obscuras, confusas e inutilizáveis.

É, com efeito, vão querer mostrar indiferença relativamente a pesquisas cujo objecto não pode ser indiferente à natureza humana. Por isso, esses pretensos indiferentistas, para além de toda a preocupação que tenham em tornar-se irreconhecíveis, substituindo a linguagem da Escola por uma linguagem popular, não podem sequer pensar alguma coisa sem cair inevitavelmente em afirmações metafísicas em relação às quais exibem não obstante um tão grande desprezo. Contudo, tal indiferença que se manifesta no meio do desabrochar de todas as ciências e que atinge precisamente aquela a que menos estaríamos inclinados a renunciar, se aí fossem possíveis conhecimentos, é um fenómeno digno de observação e de reflexão. Tal indiferença não é evidentemente consequência da ligeireza, mas do juízo amadurecido de um século que não quer deixar-se embalar por mais tempo por uma aparência de saber; é um convite feito à razão para que empreenda de novo a mais difícil de todas as suas tarefas, a do conhecimento de si própria, e para que institua um tribunal que a defenda nas suas pretensões legítimas e possa em contrapartida condenar todas as suas usurpações sem fundamento, não de uma maneira arbitrária, mas em nome das suas leis eternas e imutáveis. Ora esse tribunal não é outra coisa senão a *Crítica da razão pura* ela própria ([1]).

2) *A revolução coperniciana em metafísica*

Eu devia pensar que o exemplo da Matemática e da Física que, pelo efeito de uma revolução súbita, se tornaram aquilo

---

([1]) *Critique de la raison pure*, prefácio à primeira edição, trad. Trémesaygues e Pacaud, Presses Universitaires de France, 4.ª ed., 1965, pp. 5-7.

EXTRACTOS

que vemos, era suficientemente notável para fazer reflectir sobre o carácter essencial dessa mudança de método que lhes foi tão vantajosa e para levar a imitá-lo aqui — pelo menos a título de ensaio — tanto quanto o permite a sua analogia com a metafísica, na medida em que são conhecimentos racionais. Até aqui admitia-se que todo o nosso conhecimento devia regular-se pelos objectos; mas, em tal hipótese, todos os esforços tentados para estabelecer sobre eles qualquer juízo *a priori* por meio de conceitos, o que teria aumentado o nosso conhecimento, não levavam a nada. Tente-se, pois, finalmente, ver se não seremos mais felizes nos problemas da metafísica supondo que os objectos devem regular-se pelo nosso conhecimento, o que já se harmoniza melhor com a possibilidade desejada de um conhecimento *a priori* desses objectos que estabelece alguma coisa a seu respeito antes de eles nos serem dados. Acontece precisamente aqui o que aconteceu com a primeira ideia de *Copérnico*; vendo que não podia conseguir explicar os movimentos do céu, admitindo que todo o conjunto das estrelas evoluía em torno do espectador, procurou se não teria mais êxito fazendo rodar o próprio observador em torno dos astros imóveis. Ora, em metafísica, pode fazer-se uma tentativa semelhante, no que se refere à intuição dos objectos. Se a intuição tivesse de regular-se pela natureza dos objectos, não vejo como poderia conhecer-se alguma coisa *a priori*; se o objecto, ao contrário (como objecto dos sentidos), se regular pela natureza do nosso poder de intuição, posso imaginar perfeitamente essa possibilidade. Mas, como não posso ater-me a essas intuições, se elas deverem tornar-se conhecimentos; e como é preciso que eu as refira, como representações, a alguma coisa que seja o seu objecto e que eu o determine por seu intermédio, posso então admitir uma destas duas hipóteses: ou os *conceitos* por meio dos quais eu opero essa determinação se regulam também pelo objecto, e nesse caso encontro-me na mesma dificuldade quanto à questão de saber como é que eu posso conhecer alguma coisa disso *a priori*; ou então os objectos, ou, o que vem a dar ao mesmo, a *experiência* em que só eles são conhecidos (enquanto objectos dados) se regulam pelos mesmos conceitos — e vejo imediatamente um meio mais fácil de sair da dificuldade. Com efeito, a própria experiência é um modo de conhecimento que exige o concurso do entendimento cuja regra em mim próprio eu tenho de pressupor antes de os objectos me serem

KANT

dados por conseguinte *a priori*, e essa regra exprime-se por conceitos *a priori* pelos quais todos os objectos da experiência devem necessariamente regular-se e com os quais têm de harmonizar-se. No que se refere aos objectos enquanto são simplesmente concebidos pela razão — e são-no, na verdade, necessariamente — mas sem poderem (pelo menos tais como a razão os concebe) ser dados na experiência — tedas as tentativas de pensá-los (porque é em todo o caso necessário que se possa pensá-los) devem, por conseguinte, fornecer uma excelente pedra de toque daquilo que nós olhamos como uma mudança de método na maneira de pensar: é que nós só conhecemos *a priori* das coisas, aquilo que nós próprios lá colocamos ([1]).

3) *Conhecimento empírico e conhecimento* a priori

Que todo o nosso conhecimento começa com a experiência, isso não levanta qualquer espécie de dúvida. Efectivamente, por que é que o nosso poder de conhecer poderia ser desperto e posto em acção, a não ser por objectos que impressionam os nossos sentidos e que, por um lado, produzem por si próprios representações e, por outro, põem em movimento a nossa faculdade intelectual, a fim de que ela compare, ligue ou separe essas representações, e trabalha assim a matéria bruta das impressões sensíveis para daí tirar um conhecimento dos objectos, aquilo a que se chama a experiência? Assim, *cronologicamente*, nenhum conhecimento precede em nós a experiência e é com ela que todos os conhecimentos começam.

Mas se todo o nosso conhecimento se inicia com a experiência, isso não prova que tedo ele derive da experiência, porque poderia muito bem acontecer que mesmo o nosso conhecimento por experiência fosse um composto daquilo que nós recebemos das impressões sensíveis e daquilo que o nosso próprio poder de conhecer (simplesmente excitado por impressões sensíveis) produz de si próprio: soma essa que nós não distinguimos da matéria primeira até que a nossa atenção se tenha aplicado a isso por um longo exercício que nos tenha ensinado a fazer a sua separação.

([1]) *Op. cit.*, Prefácio à 2.ª ed., pp. 18-19.

EXTRACTOS

É pois pelo menos uma questão que exige ainda um exame mais aprofundado e que não poderá resolver-se logo à primeira vista, essa de saber, se há um conhecimento desse género, independente da experiência e mesmo de todas as impressões dos sentidos. Tais conhecimentos são ditos *a priori* e distinguem-se dos *empíricos* que têm a sua fonte *a posteriori*, a saber: na experiência.

Esta expressão não está contudo ainda suficientemente determinada para assinalar todo o sentido contido na questão proposta. Porque, diz-se de facto — a prática exige-o — de muitos conhecimentos saídos de fontes experimentais, que somos capazes deles ou que os temos *a priori*, porque não é imediatamente da experiência que nós os extraímos, mas de uma regra geral, a qual fomos no entanto buscar, também ela, à experiência. É assim que se diz de alguém que minou os alicerces da sua casa, que essa pessoa podia de facto saber *a priori* que ela se desmoronaria, ou seja, que ela não tinha necessidade de esperar o desmoronamento real para sabê-lo. Contudo, ela não podia sabê-lo inteiramente *a priori*. Com efeito, que os corpos são pesados e que, por consequência, caem quando se lhes retira o que os sustém, é o que era necessário que a experiência lhe tivesse dado a conhecer antes.

Por isso, por conhecimento *a priori* entenderemos doravante não aqueles conhecimentos que não derivam de tal ou tal experiência, mas aqueles que são absolutamente independentes de toda a experiência. A tais conhecimentos *a priori* se opõem os conhecimentos empíricos ou os que só são possíveis *a posteriori*, isto é, pela experiência (...).

Precisamos agora de um critério que permita distinguir seguramente um conhecimento puro, do conhecimento empírico. A experiência ensina-nos de facto que uma coisa é desta ou daquela maneira, mas não que isso não possa ser de outro modo. Se portanto, *primeiramente,* encontramos uma proposição cujo pensamento *implica a necessidade,* temos um juízo *a priori*; se essa proposição não for, além disso, derivada de nenhuma outra que valha ela própria, por seu turno, a título de proposição necessária, ela será absolutamente *a priori*. Em *segundo lugar,* a experiência nunca dá aos seus juízos uma verdadeira e estrita *universalidade,* mas apenas uma *universalidade* suposta e relativa (por indução), que não tem senão este sentido: as nossas observações, por numerosas que tenham sido até aqui, jamais encontraram

KANT

excepção a tal ou tal regra. Consequentemente, um juízo pensado com uma estrita universalidade, isto é, de tal maneira que nenhuma excepção é admitida como possível, não deriva da experiência, mas é válido absolutamente *a priori*. A universalidade empírica não é pois mais que uma elevação arbitrária do valor; faz-se de uma regra válida na maior parte dos casos uma lei que se aplica a todos; como, por exemplo, na proposição: todos os corpos são pesados. Quando, pelo contrário, um juízo possui essencialmente uma estrita universalidade,, sabe-se por isso que ele provém de um poder de conhecimento *a priori. Necessidade e estrita universalidade são pois as marcas seguras de um conhecimento* a priori *e estão indissoluvelmente unidas uma à outra* (...).

É fácil mostrar que juízos desta espécie, necessários e universais em sentido estrito, portanto puros, *a priori*, se encontram no conhecimento humano. Se se quiser um exemplo tirado das ciências, basta passar os olhos por todas as proposições da matemática; se se quiser um, tirado da prática mais ordinária do entendimento, poder-se-á tomar a proposição: toda a mudança deve ter a sua causa (...) [1].

4) *Sensibilidade e entendimento*

O nosso conhecimento deriva no espírito de duas fontes fundamentais: a primeira é o poder de receber as representações (a receptividade das impressões); a segunda, o de conhecer um objecto por meio dessas representações (espontaneidade dos conceitos). Pela primeira, um objecto é-nos *dado*; pela segunda, ele é *pensado* em relação com essa representação (como simples determinação do espírito). Intuição e conceitos constituem, portanto, os elementos de todo o nosso conhecimento; de maneira que nem conceitos sem uma intuição que lhes corresponda de qualquer maneira, nem uma intuição sem conceitos podem dar um conhecimento. Estes dois elementos são ou puros, ou empíricos; *empíricos*, quando contêm uma sensação (que supõe a presença real do objecto), e *puros*, quando à representação não se mistura nenhuma sensação. A sensação pode chamar-se a matéria

---

[1] *Op. cit.*, pp. 76-77.

EXTRACTOS

do conhecimento sensível. Por consequência, *uma intuição pura contém unicamente a forma sob a qual alguma coisa é intuída,* e um conceito puro somente a forma do pensamento de um objecto em geral. Só as intuições ou os conceitos puros são possíveis *a priori;* os empíricos só o são *a posteriori.*

Se chamamos *sensibilidade* à *receptividade* do nosso espírito, o poder que ele tem de receber representações na medida em que é afectado de uma maneira qualquer, deveremos em contrapartida chamar *entendimento* ao poder de produzirmos nós próprios representações, ou à *espontaneidade* do conhecimento. A nossa natureza é constituída de tal modo que a *intuição* nunca pode ser senão sensível, isto é, contém apenas a maneira como somos afectados por objectos, ao passo que o poder de *pensar* o objecto da intuição sensível é o *entendimento.* Nenhuma destas duas propriedades é preferível à outra. Sem a sensibilidade, nenhum objecto nos seria dado e sem o entendimento nenhum seria pensado. Pensamentos sem conteúdo são vazios, intuições sem conceitos são cegas. É pois tão necessário tornar os seus conceitos sensíveis (ou seja, juntar o objecto à intuição) como tornar inteligíveis as suas intuições (isto é, submetê-las a conceitos). Estes dois poderes ou capacidades não podem mudar as suas funções. O entendimento não pode intuir nada, nem os sentidos pensar seja o que for. Só da sua união pode sair o conhecimento. Isso não autoriza no entanto que se confundam as suas atribuições; é, pelo contrário, uma grande razão para separá-los e distingui-los cuidadosamente um do outro. De igual modo, nós distinguimos a ciência das regras da sensibilidade em geral, isto é, a *Estética,* da ciência das regras do entendimento em geral, isto é, da *Lógica* (¹).

5) *O que é uma categoria?*

Há exactamente tantos conceitos puros do entendimento que se aplicam *a priori* aos objectos da intuição em geral, quantas funções lógicas havia em todos os juízos possíveis na tabela anterior; porque estas funções esgotam completa-

---

(¹) *Op. cit.,* Introdução, 2.ª ed., pp. 31-33.

65

KANT

mente o entendimento e medem totalmente a sua capacidade. Chamaremos a esses conceitos, segundo Aristóteles, *Categorias*, dado que o nosso desígnio é, na sua origem, inteiramente idêntico ao seu, embora dele se afaste muito na sua realização.

TABELA DE CATEGORIAS

1 *Da quantidade:*	2 *Da qualidade:*
Unidade.	Realidade.
Pluralidade.	Negação.
Totalidade.	Limitação.

3

Da relação:

Inerência e subsistência (substância e acidente).
Causalidade e dependência (causa e efeito).
Comunidade (acção recíproca entre agente e paciente).

4

Da modalidade:

Possibilidade-Impossibilidade.
Existência-Não-existência.
Necessidade-Contingência.

Tal é pois a lista dos conceitos originariamente puros da síntese, que o entendimento encerra *a priori*, e em virtude dos quais, somente, ele é um entendimento puro, dado que é unicamente graças a ele que ele pode compreender alguma coisa na diversidade da intuição, isto é, pensar um seu objecto. Esta divisão é tirada sistematicamente de um princípio comum, a saber, do poder *de julgar* (que é a mesma coisa que o poder de pensar); ela não provém, à maneira de uma rapsódia, de uma procura, efectuada ao acaso, de conceitos puros, cuja enumeração nunca pode ser certa, pois que só é concluída por indução sem que jamais se pense em perguntar-se, ao agir assim, por que é que são precisamente

EXTRACTOS

esses conceitos e não outros que são inerentes ao entendimento puro. Era um desígnio digno de um espírito tão penetrante como o de Aristóteles esse de procurar esses conceitos fundamentais. Mas, como ele não seguia nenhum princípio, recolheu-os com precipitação tais como se lhe apresentaram e reuniu primeiramente dez a que chamou *categorias* (predicamentos). Seguidamente, julgou ter encontrado outros cinco que juntou aos primeiros sob o nome de pós-predicamentos. Nem por isso a sua tabela deixou de ficar defeituosa. De resto, encontram-se lá também alguns *modos* da sensibilidade pura (*quando, ubi, situs,* semelhantemente *prius, simul*) e mesmo um modo empírico (*motus*) que não pertencem de modo nenhum a este registo genealógico do entendimento; encontram-se lá também os conceitos derivados misturados com os seus conceitos primitivos (*actio, passio*), e alguns destes últimos faltam completamente ([1]).

6) *Fenómenos e númenos*

As imagens sensíveis (*Erscheinungen*), enquanto as pensamos a título de objectos segundo a unidade das categorias, chamam-se 'fenómenos' (*Phaenomena*). Mas se eu admito coisas que sejam simplesmente objectos do entendimento e que no entanto podem ser dadas, como tais, à intuição, sem poderem todavia sê-lo à intuição sensível (por conseguinte, *coram intuitu intelectuali*), será necessário denominar essas coisas 'númenos' (*intelligibilia*) (...).

(...) Quanto à razão pela qual, não se estando ainda satisfeito com o substracto da sensibilidade, *se atribuíram aos fenómenos númenos que só o entendimento puro pode conceber,* ela assenta unicamente no seguinte. A sensibilidade tal como o seu domínio, quero dizer o campo dos fenómenos, são eles próprios limitados pelo entendimento, de tal maneira que não se estendem às coisas em si mesmas, mas apenas à maneira como as coisas se nos apresentam, em virtude da nossa constituição subjectiva. Tal foi o resultado de toda a Estética transcendental; e segue-se naturalmente do conceito de um fenómeno em geral que alguma coisa que não é em

---

([1]) *Op. cit.,* pp. 94-95.

KANT

si um fenómeno deve corresponder-lhe, pois que o fenómeno não pode ser nada por si próprio e fora do nosso modo de representação. Consequentemente, se se quiser evitar um círculo perpétuo, a palavra fenómeno indica já uma relação a alguma coisa cuja representação imediata é sem dúvida sensível, mas que, em si, mesmo sem essa constituição da nossa sensibilidade (na qual assenta a forma da nossa intuição), deve ser alguma coisa, isto é, um objecto independente da sensibilidade. Daí resulta o conceito de um número, que não é absolutamente positivo e não significa um conhecimento determinado de uma coisa qualquer, mas apenas o pensamento de alguma coisa em que eu faço abstracção de toda a forma da intuição sensível [1].

7) *Razão e entendimento*

Todo o nosso conhecimento começa pelos sentidos, passa daí para o entendimento e completa-se na razão, acima da qual nada há em nós de mais elevado para elaborar a matéria da intuição e para reduzi-la à unidade mais alta do pensamento. Como tenho de dar aqui uma definição dessa faculdade suprema de conhecer, acho-me num certo embaraço. Tal como do entendimento, há também dessa faculdade uma prática simplesmente formal, isto é, lógica; mas há de igual modo um seu uso real, dado que ela própria contém a fonte de certos conceitos e de certos princípios que ela não vai buscar nem aos sentidos nem ao entendimento. O primeiro desses poderes foi, sem dúvida, definido já há muito tempo pelos lógicos como a faculdade de raciocinar mediatamente (para distingui-lo das ilações imediatas); mas o segundo, que cria ele próprio conceitos, não foi ainda explicado desse modo. Ora, dado que a razão se apresenta aqui repartida em dois poderes, um lógico e outro transcendental, é preciso procurar um conceito mais elevado desta fonte de conhecimento, que se sobreponha aos outros dois e os abarque; podemos no entanto, por analogia com os conceitos do entendimento, esperar que o conceito lógico nos dará também a chave do conceito transcendental e que o quadro das funções dos conceitos lógicos nos fornecerá ao mesmo tempo a tabela genealógica dos conceitos da razão.

---

[1] *Op. cit.*, pp. 223-226.

EXTRACTOS

Na primeira parte de ordem lógica transcendental definimos o entendimento como o *poder das regras*; distinguiremos aqui a razão do entendimento, denominando-a o *poder dos princípios* (...). Se dizemos do entendimento que ele é o poder de reduzir os fenómenos à unidade por meio das regras, é preciso dizer da razão que ela é a faculdade de reduzir à unidade as regras do entendimento por meio de princípios. Ela nunca se refere, portanto, imediatamente à experiência nem a um qualquer objecto, mas ao entendimento, a fim de proporcionar *a priori* e por meio de conceitos aos conhecimentos variados desta faculdade uma unidade que se pode chamar racional e que é inteiramente diferente da que o entendimento pode fornecer (...).

A razão, nos seus raciocínios (uso lógico), não se aplica a intuições para submetê-las a regras (como faz o entendimento com as suas categorias), mas, ao contrário, a conceitos e juízos. Se portanto a razão pura (uso transcendental) se refere também aos objectos, ela não tem no entanto relação imediata nem com eles, nem com a sua intuição, mas apenas com o entendimento e seus juízos, que se aplicam imediatamente aos sentidos e à sua intuição para determinar o seu objecto. A *unidade racional* não é pois a unidade de uma experiência possível; é, pelo contrário, essencialmente distinta dela, porque esta última unidade é a unidade intelectual (= do entendimento). Que tudo o que acontece tem uma causa, não é de modo nenhum um princípio conhecido e prescrito pela razão. Ele torna possível a unidade da experiência e nada vai buscar à razão que, sem essa relação à experiência possível, não teria podido, fundando-se em simples conceitos, prescrever uma semelhante unidade sintética.

Em segundo lugar, a razão, no seu uso lógico, procura a condição geral do seu juízo (da conclusão) e o raciocínio não é ele próprio outra coisa senão um juízo que nós formamos condicionando-o por uma regra geral (a maior). Como esta regra, por sua vez, está sujeita à mesma procura da razão e que é assim preciso procurar a condição da condição, e isso tão longe quanto possível, vê-se pois bem que o princípio próprio da razão em geral é encontrar, para o conhecimento condicionado do entendimento, o incondicionado que completará a sua unidade.

Mas esta máxima lógica não pode ser um princípio da razão pura (uso transcendental) a não ser na condição de se admitir que se o condicionado é dado, seja também dada (...)

69

KANT

toda a série das condições subordinadas, série essa que, consequentemente, é ela própria incondicionada. Um tal princípio da razão pura é manifestamente sintético; porque o condicionado implica sem dúvida analiticamente alguma condição, mas não o incondicionado. Daí devem também derivar diversas proposições sintéticas, *das quais o entendimento puro nada sabe*, dado que ele só tem a ver com objectos de uma experiência possível cujo conhecimento e síntese são sempre condicionados. Mas o incondicionado, quando realmente tem lugar, pode ser examinado sob todos os aspectos que o distinguem do condicionado e deve, por conseguinte, dar lugar a muitas proposições sintéticas *a priori*. As proposições fundamentais que derivam deste princípio supremo da razão pura serão portanto *transcendentes* em relação a todos os fenómenos, quer dizer, não se poderá nunca fazer deste princípio um uso empírico que lhe seja adequado. Ele distinguir-se-á portanto inteiramente de todos os princípios do entendimento (cujo uso é *imanente*, dado que eles não têm outro tema que não seja a possibilidade da experiência) [1].

8) *O que é uma ideia?*

(...) Peço àqueles que têm a peito a filosofia (...) que tomem sob a sua protecção a palavra ideia no seu sentido primitivo, para que não seja confundida, doravante, com as outras palavras de que habitualmente nos servimos para designar toda a espécie de representações, sem nenhuma ordem precisa e com grande prejuízo da ciência (...) [2].

Entendo por ideia um conceito racional necessário ao qual nenhum objecto que lhe corresponda pode ser dado nos sentidos. Os conceitos puros da razão, que nós consideramos neste momento, são assim *ideias transcendentais*. São conceitos da razão pura, porque consideram todo o conhecimento experimental como determinado por uma totalidade absoluta das condições. *Não são formados arbitrariamente*, mas são dados, pelo contrário, pela própria natureza da razão e referem-se necessariamente também a todo o uso do entendimento. São, por fim, transcendentes e ultrapassam os limites

---

[1] *Op. cit.*, p. 254 e ss.
[2] *Op. cit.*, p. 266.

EXTRACTOS

de toda a experiência onde, por consequência, nunca poderia apresentar-se nenhum objecto adequado à ideia transcendental. Quando se declara uma ideia, diz-se muito em relação ao objecto (como objecto do entendimento puro), mas diz-se muito pouco em relação ao sujeito (isto é, relativamente à sua realidade sob condições empíricas), precisamente porque a ideia, como conceito de um máximo nunca pode ser dada *in concreto* de maneira adequada. Ora, como está aí todo o objectivo prosseguido propriamente pela razão na sua prática simplesmente especulativa, e como, se não fizermos mais que aproximar-nos de um conceito sem jamais poder alcançá-lo na execução, isso equivale a falhar inteiramente esse conceito, diz-se de um conceito deste género que ele é *apenas* uma ideia. Assim, pode dizer-se que a totalidade absoluta dos fenómenos *é apenas uma ideia*; porque, como jamais poderemos realizá-la numa imagem, ela permanece um *problema* sem nenhuma solução. Ao invés, como se trata apenas, no uso prático do entendimento, de uma realização de acordo com regras, a ideia da razão prática pode sempre ser dada realmente, embora só em parte, *in concreto,* e ela é mesmo a condição indispensável de todo o uso prático da razão. A execução desta ideia é sempre limitada e defeituosa, mas em limites determináveis e, por conseguinte, ela está sempre sob a influência do conceito de uma perfeição absoluta. A ideia prática é pois sempre muito fecunda e indispensavelmente necessária em relação às acções reais. A razão pura vai mesmo beber lá a causalidade necessária para produzir realmente o que o seu conceito encerra; é por isso que não se pode dizer da sabedoria, de algum modo com desdém, que ela é *apenas uma ideia*; mas, pelo contrário, exactamente porque ela é a ideia da unidade necessária de todos os fins possíveis, ela deve servir de regra a toda a prática, na qualidade de condição originária e pelo menos restritiva.

Embora devêssemos dizer dos conceitos racionais transcendentais *que eles não são senão ideias,* não iremos no entanto de modo nenhum até ao ponto de considerá-los como supérfluos e vãos. Com efeito, se nenhum objecto pode ser determinado por eles, eles podem, no fundo, entretanto, e sem se notar, servir ao entendimento de regra que lhe permite alargar o seu uso e torná-lo uniforme (...) ([1]).

([1]) *Op. cit.*, pp. 270-271.

KANT

9) *Necessidade de um mundo numenal*

(...) Seria um absurdo esperar conhecer de um objecto qualquer mais do que a experiência possível deste comporta ou ainda pretender ter o mínimo conhecimento de uma coisa que admitimos não ser um objecto de experiência possível (...). Mas seria, por outro lado, um absurdo ainda maior não admitir coisas em si ou querer considerar a nossa experiência como o único modo de conhecimento possível (...). É verdade que nós não podemos apresentar, fora de toda a experiência possível, um conceito determinado do que podem ser coisas em si. Contudo, não temos a liberdade de nos abstermos inteiramente de toda a pesquisa a seu respeito; porque a experiência nunca satisfaz plenamente a razão. Ela remete sempre para mais longe a resposta às nossas questões e, se se trata de uma solução completa, deixa-nos sempre decepcionados (...). Quem poderia pois suportar, no que se refere à natureza da nossa alma, chegar até à consciência clara do sujeito e ao mesmo tempo à convicção de que os seus fenómenos não podem explicar-se pelo materialismo, sem se perguntar o que é a alma em sentido próprio e, se nenhum conceito da experiência não é aqui suficiente, sem admitir ao menos para este fim um conceito de razão (conceito de um ser imaterial simples), embora não possamos demonstrar de nenhum modo a sua realidade objectiva? Quem pode contentar-se com o simples conhecimento empírico em todas as questões cosmológicas da duração e da grandeza do mundo, da liberdade ou da necessidade natural, pois que, seja qual for a nossa maneira de proceder, toda a resposta conforme às leis fundamentais da experiência gera sempre uma questão nova que, exigindo uma resposta, mostra por isso mesmo a insuficiência de toda a espécie de explicação física para satisfazer a razão? Finalmente, quem não vê a impossibilidade de se ater à contingência e à dependência constantes de tudo aquilo que se pode conceber e admitir segundo apenas os princípios da experiência, e não se sente forçosamente levado, a despeito da proibição de se perder nas ideias transcendentes, a procurar no entanto ainda, para além de todos os conceitos que pode justificar pela experiência, paz e satisfação no conceito de um ser, cuja ideia em si, na sua possibilidade, não pode ser captada, nem, a verdade é essa, refutada, dado que ela diz respeito a

EXTRACTOS

um ser simplesmente inteligível, *sem a qual no entanto a razão deveria permanecer para sempre privada de satisfação?*

(...) As ideias transcendentais, justamente porque não podem iludir-se e não obstante não podemos jamais realizá-las, servem não apenas para nos mostrar os verdadeiros limites do uso puro da razão, mas também a maneira de determiná-los; é esse o fim e a utilidade desta disposição natural da nossa razão que deu origem à metafísica, seu filho querido, cuja procriação (...) não deve ser atribuída a um acaso qualquer, mas a um germe primitivo, organizado sabiamente para importantes fins. Porque a metafísica, mais que qualquer outra ciência, é estabelecida em nós, nos seus traços fundamentais, pela própria natureza e não pode ser olhada como um crescimento contingente no progresso da experiência (de que ela está completamente separada) (...). *Devemos* conceber um ser imaterial, um mundo inteligível, e um ser supremo entre todos os seres (puros números), porque a razão só nesses seres encontra, como coisa em si, a perfeição e a satisfação que ela jamais pode esperar derivando os fenómenos dos seus princípios homogéneos (...) (¹).

10) *Não se pode demonstrar que a alma é uma substância espiritual (paralogismos da razão pura)*

Em todo o acto de pensamento, o nosso *eu* é o sujeito ao qual os pensamentos só são inerentes na qualidade de determinações e este eu não pode ser empregado como a determinação de uma outra coisa. Cada qual deve pois considerar-se ele próprio como uma substância e os seus pensamentos como simples acidentes da sua existência e determinações do seu estado.

Mas que uso posso eu fazer deste conceito de uma substância? Que, como ser pensante, eu *dure* por mim próprio, sem *nascer* nem *morrer* naturalmente, não posso de nenhuma maneira concluí-lo, e no entanto é só para isso que pode servir o conceito da substancialidade do meu sujeito pensante, que eu poderia dispensar muito bem. É assim neces-

---

(¹) *Prolégomènes à toute métaphysique future qui pourra se présenter comme science*, trad. Gibelin, Paris, Vrin, 1941, pp. 137--143.

KANT

sário que eu possa concluir tais propriedades da simples categoria pura de uma substância que, pelo contrário, nós somos obrigados a tomar como princípio da permanência de um objecto dado tirado da experiência, se quisermos aplicar-lhe o conceito de *substância* tal como ele pode aplicar-se empiricamente. Ora, nós não tomámos nenhuma experiência como base da nossa proposição, mas concluímos unicamente, partindo do conceito da relação que todo o pensamento tem com o eu com o sujeito comum ao qual ela é inerente. Mesmo tomando uma experiência como base, nós não poderíamos demonstrar uma semelhante permanência por uma observação certa. Com efeito, o eu está, valha a verdade, em todos os pensamentos; mas a esta representação não está ligada a mínima intuição que a distinga de todos os outros objectos da intuição. Pode pois observar-se, sem dúvida, que tal representação aparece sempre de novo em todo o pensamento, mas não que ela é uma intuição fixa e permanente onde os pensamentos (enquanto variáveis) se sucederiam. Donde se segue que o primeiro raciocínio da psicologia transcendental não traz senão uma pretensa luz nova, ao dar o *sujeito lógico permanente* do pensamento para o conhecimento do *sujeito real da inerência,* sujeito do qual nós não temos nem podemos ter o mínimo conhecimento, dado que a nossa consciência é a única coisa que faz, de todas as nossas representações, pensamentos, e na qual, por conseguinte, todas as nossas percepções devem encontrar-se como no sujeito transcendental; fora desta significação lógica do eu, *nós não temos nenhum conhecimento do sujeito em si, que se encontra na base do eu como de todos os pensamentos, na qualidade de substrato* (¹).

11) *A liberdade é indemonstrável (3.ª antinomia)*

Tese. — *A causalidade segundo as leis da natureza não é a única de que podem ser derivados todos os fenómenos do mundo. É ainda necessário admitir uma causa livre para a explicação destes fenómenos.*

Prova. — Se se admitir que não há outra causalidade senão aquela que assenta nas leis da natureza, tudo o que

---

(¹) *Critique de la raison pure.* pp. 283-284.

EXTRACTOS

acontece supõe um estado anterior ao qual ele sucede infalivelmente segundo uma regra. Ora o estado anterior deve ser ele próprio um acontecimento sobrevindo no tempo, pois que ele não era antes e que se ele sempre tivesse sido, a sua consequência também não teria começado a ser, mas teria sido sempre. A causalidade da causa pela qual qualquer coisa acontece supõe, portanto, por seu turno um estado anterior (...) e este outro um estado mais antigo, etc. Se portanto tudo acontece apenas segundo as leis da natureza, não há sempre senão um começo subalterno, mas nunca um primeiro começo, e, por conseguinte, não há nenhuma integralidade da série das causas que derivam umas das outras. Mas a lei da natureza exige que nada aconteça sem uma causa suficientemente determinada *a priori*. Portanto a proposição: toda a causalidade só é possível segundo as leis da natureza, contradiz-se a ela própria na sua generalidade ilimitada, e a causalidade natural não pode pois de modo nenhum ser admitida como a única. — É preciso admitir uma causalidade pela qual alguma coisa acontece sem que a causa aí seja determinada por uma outra causa anterior segundo as leis necessárias, portanto uma *causa que age de uma maneira absolutamente espontânea e capaz de começar por si própria uma série de fenómenos* que se desenrolará em seguida segundo as leis da natureza; por outras palavras, uma liberdade transcendental sem a qual, mesmo no curso da natureza, a série sucessiva dos fenómenos nunca estaria completa do ponto de vista da causalidade.

Antítese. — Não há liberdade, mas tudo acontece no mundo unicamente segundo as leis da natureza.

Prova. — Supõe que há uma liberdade no sentido transcendental, isto é, uma espécie particular de causalidade segundo a qual os acontecimentos do mundo poderiam ter lugar, um poder de começar absolutamente um acontecimento e, por conseguinte, estar na origem de uma série de consequências desse acontecimento; então, não apenas a série começará absolutamente em virtude dessa espontaneidade, mas a causa livre ela própria, que está na origem dessa série, deverá determinar-se a agir sem que nada preceda a sua acção. Mas quando uma causa começa a agir, isso supõe que havia antes um estado da causa em que ela não agia; ora, um *primeiro começo* dinâmico de acção implica, pelo contrário, um estado que não tem como o estado anterior desta mesma causa nenhuma ligação de causalidade, quer

KANT

dizer, não deriva dela de modo nenhum. Portanto, a liberdade transcendental opõe-se à lei da causalidade, e uma tal ligação de estados sucessivos de causas eficientes, segundo a qual nenhuma unidade da experiência é possível, e que, por consequência, não se encontra em nenhuma experiência, não é mais que um vão ser de razão.

É pois somente na natureza que devemos procurar o encadeamento e a ordem dos acontecimentos do mundo. A liberdade em relação à natureza é, na verdade, uma libertação da imposição, mas também do fio condutor de todas as regras. Com efeito, não pode dizer-se que em vez da natureza se introduzem leis da liberdade na causalidade do curso do mundo, dado que, se a liberdade fosse determinada segundo as leis, já não seria liberdade, mas natureza. Natureza e liberdade diferem pois entre si como conformidade com as leis e libertação das leis. A primeira sobrecarrega o entendimento com a dificuldade de procurar sempre mais alto a origem dos acontecimentos na série das causas, pois que a causalidade está aí sempre condicionada, mas promete em contrapartida uma unidade de experiência universal e conforme à lei. A ilusão da liberdade, pelo contrário, oferece sem dúvida descanso ao entendimento que promove as suas explorações na cadeia das causas, conduzindo-o a uma causalidade incondicionada que começa a agir por si própria; mas, como esta causalidade é cega, quebra o fio condutor das regras que só uma experiência ligada torna possível ([1]).

12) *O argumento das causas finais*

Este argumento merece sempre ser nomeado com respeito. É o mais antigo, o mais claro, o melhor apropriado à razão comum. Ele vivifica o estudo da natureza, ao mesmo tempo que a partir dele mantém a sua própria existência e que nele bebe sempre novas forças. Conduz a fins e desígnios que a nossa observação não descobriria por si própria e alarga o nosso conhecimento da natureza por meio de um fio condutor de uma unidade particular cujo princípio está fora da natureza. Ora, estes conhecimentos agem por sua vez sobre a sua causa, isto é, sobre a ideia que os provoca, e fortalecem a nossa fé num autor supremo do mundo até

([1]) *Op. cit.*, pp. 348-349.

EXTRACTOS

fazer disso uma irresistível convicção. Seria pois não apenas privar-nos de uma consolação, mas ainda tentar o impossível querer tirar alguma coisa à autoridade desta prova (...) não podemos no entanto aprovar as pretensões de elevar este argumento a uma certeza apodíctica e a uma adesão que já não teria necessidade de nenhum apoio estranho (...).

(...) Eu afirmo, portanto, que esta prova físico-teológica nunca poderá por si só demonstrar a existência de Deus (...). Poderia, quando muito, demonstrar a existência de um *arquitecto do mundo*, que estaria sempre muito limitado pela capacidade da matéria que ele poria em acção, mas não de um *criador do mundo*, a cuja ideia tudo estaria submetido; o que está longe de ser suficiente para o grande objectivo que se tem em vista e que é provar a existência de um Ser supremo suficiente em tudo. Se quiséssemos provar a contingência da própria matéria, teríamos de recorrer a um argumento transcendental, coisa que, no entanto, deveríamos precisamente evitar aqui.

O raciocínio conclui, portanto, da ordem e da finalidade que se observam em toda a parte no mundo, como de uma organização totalmente contingente, pela existência de uma causa que lhe seja proporcionada. Mas o conceito desta causa deve fazer-nos conhecer dela algo de inteiramente *determinado*, e não pode, poranto, tratar-se senão de um ser que possui todo o poder, toda a sabedoria, etc., numa palavra, toda a perfeição, a título de ser suficiente em tudo (...).

Ora, não quero esperar que alguém possa ter a pretensão de captar a relação da grandeza do mundo observada por ele (quanto à extensão e quanto ao conteúdo) à omnipotência, da ordem do mundo à sabedoria suprema, da unidade do mundo à unidade absoluta do seu autor, etc. A teologia física não pode pois apresentar conceito determinado da causa suprema do mundo, nem, por conseguinte, ser suficiente para constituir um princípio da teologia que, por sua vez, possa constituir o fundamento da religião ([1]).

13) *Da utilidade da crítica*

Embora a razão, na sua prática simplesmente especulativa, não seja capaz, falta-lhe muito para isso (...) de atingir

([1]) *Op. cit.*, pp. 442-445.

KANT

a existência de um Ser supremo, nem por isso deixará de ter uma grande utilidade que ela *rectifique* o conhecimento desse ser, no caso de podermos ir buscar a outro lado esse conhecimento, fazendo-o harmonizar-se consigo próprio e com todo o fim inteligível, purificando-o de tudo o que poderia ser contrário ao conceito de um ser primeiro e excluindo dele toda a mistura de limitações empíricas.

A teologia transcendental continua a ser pois, entretanto e apesar de toda a sua insuficiência, de uma importante utilidade negativa; ela é uma censura contínua da nossa razão, quando esta só tem a ver com ideias puras que, precisamente, por este motivo, não permitem outra medida que não seja a regra transcendental. Com efeito, se alguma vez, de um outro ponto de vista, talvez do ponto de vista prático, a hipótese de um Ser supremo e suficiente em tudo, como suprema inteligência, afirmasse o seu valor sem contradição, seria então da maior importância determinar exactamente esse conceito, no seu aspecto transcendental, como conceito de um ser necessário e soberanamente real, afastar dele o que é contrário à realidade suprema, o que pertence ao simples fenómeno (ao antropomorfismo no seu sentido mais amplo) e, ao mesmo tempo, desembaraçar-se de todas as asserções contrárias, sejam elas *ateias*, *deístas* ou *antropomórficas*: o que está muito facilitado num tratado crítico desse género, pois que as mesmas provas que demonstram a impotência da razão humana em relação à *afirmação* da existência de um tal ser, bastam também, necessariamente, para demonstrar a fragilidade de toda a *afirmação contrária*. Com efeito, como se pretenderá, pela especulação pura da razão, ver claramente que não há Ser supremo como princípio de tudo, ou que alguma das propriedades que nós nos representamos, segundo os seus efeitos, como análogas às realidades dinâmicas de um ser pensante, não lhe convém, e que, no caso de lhe convirem, elas deveriam estar sujeitas a todas as limitações que a sensibilidade impõe inevitavelmente às inteligências que nós conhecemos por experiência?

O Ser supremo continua pois a ser para o uso simplesmente especulativo da razão um simples ideal, mas entretanto um ideal sem defeitos, um conceito que termina e coroa todo o conhecimento humano; a objectiva realidade deste conceito não pode por certo ser provada por este meio, mas também não pode ser refutada; e, se deve haver uma teologia moral capaz de preencher esta lacuna, a teologia transcen-

EXTRACTOS

dental, que até então era apenas problemática, prova nesse caso como ela é indispensável pela determinação do seu próprio conceito e pela censura incessante que ela impõe a uma razão enganada com bastante frequência pela sensibilidade e que nem sempre está de acordo com as suas ideias próprias. A necessidade, a infinidade, a unidade, a existência fora do mundo (não como alma do mundo), a eternidade sem condições do tempo, a omnipresença sem condições do espaço, a omnipotência, etc., são predicados puramente transcendentais e, por consequência, um conceito depurado tão necessário a toda a teologia só pode ser tirado da teologia transcendental ([1]).

14) *O imperativo e suas formas*

Todas as coisas da natureza agem segundo leis. Só o ser racional tem a faculdade de agir *segundo a representação das leis*, isto é, segundo os princípios, por outras palavras, só ele tem uma *vontade*. Uma vez que é requerida a *razão* para fazer derivar as acções das leis, a vontade não é mais do que uma razão prática. Se a razão num ser determina infalivelmente a vontade, as acções desse ser que são reconhecidas necessárias objectivamente, são também reconhecidas tais subjectivamente, quer dizer que, nesse caso, a vontade é uma faculdade de escolher *somente aquilo* que a razão, independentemente da inclinação, reconhece como praticamente necessário, por outras palavras, como bom. Mas se a razão não determina suficientemente por si só a vontade, se esta está sujeita ainda a condições subjectivas (a certos móbeis) que nem sempre se harmonizam com as condições objectivas; numa palavra, se a vontade não é *em si* plenamente conforme à razão (é o que acontece nos seres humanos), então as acções que são reconhecidas necessárias objectivamente, são subjectivamente contingentes, e a determinação de uma tal vontade, em conformidade com leis objectivas, é uma *imposição*; quer dizer que a relação das leis com uma vontade imperfeita é representada como a determinação da vontade de um ser racional por princípios da razão, sem dúvida, mas por princípios aos quais essa vontade, dada a sua natureza, não é necessariamente dócil.

([1]) *Op. cit.*, pp. 451-452.

KANT

A representação de um princípio objectivo, enquanto tal princípio é constrangedor para uma vontade, chama-se um mandamento (da razão), e *a fórmula do mandamento chama-se um imperativo*. — Todos os imperativos são expressos pelo verbo *dever*, e apontam assim a relação de uma lei objectiva com uma vontade que, dada a sua constituição subjectiva, não é necessariamente determinada por essa lei (uma imposição). Eles dizem que seria bom fazer tal coisa ou abster-se dela; mas dizem-no a uma vontade que nem sempre faz uma coisa só porque ela lhe é apresentada como sendo boa para fazer (...).

Todos os imperativos ordenam ou *hipoteticamente* ou *categoricamente*. Os imperativos hipotéticos representam a necessidade prática de uma acção possível, considerada como *meio* de chegar a qualquer outra coisa que se quer (ou pelo menos que é possível que se queira). O imperativo categórico seria o que representaria uma acção como necessária por si mesma e sem relação a uma outra finalidade, como necessária objectivamente (...).

O imperativo enuncia, portanto, qual é a acção que, possível para mim, seria boa, e representa a regra prática em relação com uma vontade que não leva a cabo imediatamente uma acção porque ela é boa, quer o sujeito não saiba sempre que ela é boa quer, sabendo-o, adopte contudo máximas contrárias aos princípios objectivos de uma razão prática. O imperativo hipotético exprime apenas que a acção é boa em vista de algum fim, *possível* ou *real*. No primeiro caso, é um princípio *problematicamente* prático; no segundo, um princípio *assertoricamente* prático. O imperativo categórico que declara a acção objectivamente necessária em si mesma, sem relação a um qualquer objectivo, isto é, sem qualquer outro fim, tem o valor de um princípio apodicticamente prático ([1]).

15) *A boa vontade*

De tudo aquilo que é possível conceber no mundo, e mesmo fora do mundo, nada há que possa sem restrição ser considerado bom, a não ser apenas uma *boa vontade*. A inte-

---

([1]) *Fondements de la métaphysique des moeurs*, trad. Delbos, pp. 122-125.

EXTRACTOS

ligência, o dom de captar as semelhanças das coisas, a faculdade de discernir o particular para dele ajuizar, e os outros *talentos* do espírito, como quer que sejam designados, ou então a coragem, a decisão, a perseverança nos desígnios, como qualidades do *temperamento,* são sem dúvida sob muitos aspectos coisas boas e desejáveis; mas esses dons da natureza podem tornar-se também extremamente maus e funestos se a vontade que deve fazer uso deles e cujas disposições próprias se chamam por isso *carácter,* não for boa. Acontece o mesmo com os dons da fortuna. O poder, a riqueza, a consideração, mesmo a saúde assim como o bem--estar completo e o contentamento desse estado, aquilo a que se chama a *felicidade,* geram uma confiança em si que muitas vezes também se converte em presunção, desde que não haja uma boa vontade para rectificar e orientar para fins universais a influência que essas vantagens têm sobre a alma e simultaneamente todo o princípio da acção; sem levar em linha de conta que um espectador razoável e imparcial nunca poderia sentir satisfação em ver que tudo resulta sempre bem a um ser que não manifesta nenhum vestígio de pura e boa vontade, e que assim a boa vontade parece constituir a própria condição indispensável do que nos torna dignos de ser felizes.

Há, o que é mais ainda, qualidades que são favoráveis a esta mesma boa vontade e que podem tornar a sua acção muito mais facilitada, mas que apesar disso não têm valor intrínseco absoluto, e que, pelo contrário, supõem sempre ainda uma boa vontade. É essa uma condição que limita a alta estima que se lhes testemunha, aliás com razão, e que não permite considerá-las como boas absolutamente. A moderação nas afeições e nas paixões, o domínio de si, a capacidade de calma reflexão não são apenas boas sob muitos aspectos, mas parecem constituir mesmo uma parte do valor *intrínseco* da pessoa; entretanto, falta ainda muito para que possamos considerá-las como boas sem restrição (apesar do valor incondicionado que os Antigos lhes conferiram). Porque sem os princípios de uma boa vontade elas podem tornar-se extremamente más; o sangue-frio de um criminoso não o torna só muito mais perigoso, torna-o também imediatamente a nossos olhos mais detestável ainda do que o teríamos julgado sem isso ([1]).

([1]) *Op. cit.,* pp. 87-89.

KANT

16) *O respeito*

(...) *O dever é a necessidade de levar a cabo uma acção por respeito pela lei.* Para o objectivo concebido como efeito da acção que me proponho, eu posso muito bem, sem dúvida, ter *inclinação*, mas nunca *respeito*, precisamente porque é simplesmente um efeito, e não a actividade de uma vontade. De igual modo, eu não posso ter respeito por uma inclinação em geral, seja ela minha ou de outrem; eu posso quando muito aprová-la no primeiro caso, e no segundo ir por vezes até ao ponto de amá-la, isto é, considerá-la como do meu próprio interesse. Só existe o que está ligado à minha vontade unicamente como princípio e nunca como efeito, o que não serve à minha inclinação, mas que o domina, o que pelo menos impede inteiramente que se tenha isso em conta na decisão, por consequência, a simples lei por si própria, que possa ser um objecto de respeito e, consequentemente, um mandamento. Ora, se uma acção praticada por dever deve excluir completamente a influência da inclinação e com ela todo o objecto da vontade, nada resta para a vontade que possa determiná-la, a não ser o que é objectivamente a *lei*, e subjectivamente um *puro respeito* por essa lei prática, por consequência a máxima de obedecer a essa lei, mesmo em prejuízo de todas as minhas inclinações (...).

(...) Poder-se-ia objectar-me que sob a capa do termo «respeito» não faço mais que refugiar-me num sentimento obscuro, em vez de fazer luz sobre a questão por meio de um conceito da razão. Mas, embora o respeito seja um sentimento, não é no entanto de modo nenhum um sentimento *recebido* por influência; é, pelo contrário, um sentimento *espontaneamente produzido* por um conceito da razão, e por isso mesmo especificamente distinto de todos os sentimentos do primeiro género, que se reportam à inclinação ou ao temor. O que eu reconheço imediatamente como lei para mim, reconheço-o com um sentimento de respeito que exprime simplesmente a consciência que eu tenho da *subordinação* da minha vontade a uma lei sem intervenção de outras influências sobre a minha sensibilidade. A determinação imediata da vontade pela lei e a consciência que eu tenho disso, é o que eu chamo «o respeito», *de tal maneira que o respeito deve ser considerado, não como a causa da lei, mas como o efeito da lei sobre o sujeito.* Falando com propriedade, o respeito é a re-

EXTRACTOS

presentação de um valor que traz prejuízo ao meu amor próprio. Por conseguinte, é algo que não é considerado nem como objecto de inclinação, nem como objecto de temor, embora tenha alguma analogia com ambos ao mesmo tempo. O *objecto* do respeito é portanto simplesmente a lei, lei tal como nós a impomos a *nós próprios*, e entretanto necessária em si. Na medida em que ela é a lei, estamos-lhe sujeitos, sem consultar o amor-próprio; enquanto é por nós que ela nos é imposta, ela é uma consequência da nossa vontade; no primeiro ponto de vista, ela tem analogia com o temor; no segundo, com a inclinação. *Todo o respeito por uma pessoa não é propriamente senão respeito pela lei* (lei de honestidade, etc.) de que essa pessoa nos dá exemplo. Dado que consideramos como um dever alargar os nossos talentos, vemos também numa pessoa que tem talento como que o *exemplo de uma lei* (que nos manda que nos assemelhemos a ela nesse aspecto), e eis o que constitui o nosso respeito. Tudo o que se designa sob o nome de interesse moral consiste unicamente no respeito pela lei ([1]).

17) *A felicidade*

Há um fim que podemos considerar real em todos os seres racionais (na medida em que se aplicam imperativos a tais seres considerados como dependentes), por conseguinte, um objectivo que não é para eles uma simples *possibilidade*, mas acerca do qual se pode certamente admitir que todos se propõem alcançá-lo *efectivamente* em virtude de uma necessidade natural, e esse objectivo é a *felicidade*. O imperativo hipotético que representa a necessidade prática da acção como meio de chegar à felicidade é *assertórico*. Não se pode apresentá-lo simplesmente como indispensável à realização de um fim incerto, apenas possível, mas de um fim que pode supor-se com certeza e *a priori* presente em todos os homens, porque faz parte da sua essência. Ora, pode dar-se o nome de *prudência*, tomando esta palavra no seu sentido mais restrito, à habilidade na escolha dos meios que nos conduzem ao nosso maior bem-estar. De igual modo, o imperativo que se refere à escolha dos meios em vista da nossa felicidade

---

([1]) *Op. cit.*, pp. 100-102.

KANT

própria, isto é, a prescrição da prudência, é sempre *hipotético*; a acção é ordenada, não absolutamente, mas apenas como um meio para um outro fim (¹) (...).

(...) Os imperativos da prudência, se fosse realmente tão fácil dar um conceito determinado de felicidade, seriam inteiramente da mesma natureza que os da habilidade; seriam analíticos. Porque neste como naquele caso poder-se-ia dizer que quem quer o fim quer também (necessariamente, segundo a razão) os meios indispensáveis para lá chegar, que estão em seu poder. Mas, desgraçadamente, o conceito da felicidade é um conceito tão indeterminado que, apesar do desejo que todo o homem tem de chegar a ser feliz, ninguém pode jamais dizer em termos precisos e coerentes o que verdadeiramente deseja e quer. A razão disso é que todos os elementos que fazem parte do conceito de felicidade são empíricos no seu conjunto, isto é, devem ser tirados da experiência, e entretanto para a ideia de felicidade é necessário um todo absoluto, um máximo de bem-estar no meu estado presente e em toda a minha condição futura. Ora, é impossível que um ser finito, por mais perspicaz e ao mesmo tempo mais poderoso que o suponhamos, tenha um conceito determinado do que é que verdadeiramente quer (...). Em resumo, ele é incapaz de determinar com uma inteira certeza, segundo algum princípio, o que o tornaria autenticamente feliz; para isso ser-lhe-ia necessária a omnisciência. Não podemos portanto agir, para sermos felizes, segundo princípios determinados, mas apenas segundo conselhos empíricos, que recomendam, por exemplo, um regime severo, a economia, a delicadeza, a reserva, etc., tudo isto coisas que, segundo os ensinamentos da experiência, contribuem geralmente na sua maioria para o bem-estar. Daí se segue que os imperativos da prudência, para falar com exactidão, em nada podem dar ordens, isto é, apresentar acções de uma maneira objectiva como praticamente necessárias, e que é preciso considerá-las antes como conselhos e não como mandamentos da razão. O problema que consiste em determinar de uma maneira segura e geral que acção pode favorecer a felicidade de um ser racional é um problema absolutamente insolúvel; não há pois a tal respeito imperativo que possa

---

(¹) *Op. cit.*, p. 127.

EXTRACTOS

ordenar, no sentido estrito da palavra, que se faça aquilo que torna feliz, porque *a felicidade é um ideal, não da razão, mas da imaginação*, fundado unicamente em princípios empíricos, dos quais se esperaria em vão que pudessem determinar uma acção pela qual seria alcançada a totalidade de uma série de consequências, na realidade infinita [1].

18) *Dever e personalidade*

Dever! Nome sublime e grande, tu que em ti não encerras nada de agradável, nada que implique insinuação, mas que reclamas a submissão, que entretanto não ameaças de nada daquilo que desperta na alma uma aversão natural e pavor, para pôr em movimento a vontade, mas apresentas simplesmente uma lei que encontra por si própria acesso para a alma e que no entanto ganha ela própria, mau grado nós, a veneração (se não sempre a obediência), diante da qual se calam todas as tendências, embora actuem contra ela em segredo; que origem é digna de ti, e onde encontraremos a raiz da tua nobre estirpe, que recusa altivamente todo o parentesco com as tendências, raiz de que é preciso fazer derivar, como da sua origem, a condição indispensável do único valor que os homens podem dar-se a si próprios?

Não pode ser nada de menos que aquilo que eleva o homem acima de si próprio (como parte do mundo sensível), aquilo que o liga a uma ordem de coisas que só o entendimento pode conceber e que, ao mesmo tempo, domina todo o mundo sensível e, com ele, a existência empiricamente determinável do homem no tempo, o conjunto de todos os fins (...). Não é mais que a *personalidade*, isto é, a liberdade e a independência relativamente ao mecanismo de toda a natureza; a personalidade considerada no entanto ao mesmo tempo como o poder de um ser que está sujeito a leis especiais, isto é, às leis puras práticas dadas pela sua própria razão, de maneira que a pessoa, como pertencente ao mundo sensível, está sujeita à sua própria personalidade na medida em que ela pertence ao mesmo tempo ao mundo inteligível. Não é pois de espantar que o homem, pertencendo a dois mundos, deva considerar o seu próprio ser, relativamente

---

[1] *Op. cit.*, pp. 131-132.

KANT

à sua segunda e mais alta determinação, com veneração e as leis a que está, nesse caso, submetido, com o maior respeito. É nesta origem que se fundam algumas expressões que designam o valor dos objectos de acordo com ideias morais. A lei moral é *santa* (inviolável). O homem é, sem dúvida, bastante profano, mas a humanidade, na sua pessoa, deve ser santa para ele. Em toda a criação, tudo o que se quer e sobre que se tem algum poder pode ser empregado *simplesmente como meio*; só o homem, e com ele toda a criatura racional, é *fim em si*. É que ele é o sujeito da lei moral, que é santa em virtude da autonomia da sua liberdade.

Por esta razão, toda a vontade, mesmo a vontade própria de cada pessoa, dirigida sobre a própria pessoa, é obrigada a harmonizar-se com a *autonomia* do ser racional, isto é, a não o submeter a nenhum objectivo que não possa tirar a sua origem da vontade do sujeito sobre o qual se age, por consequência, a nunca empregar o sujeito simplesmente como meio, mas igualmente como fim. Impomos esta condição, com razão, mesmo à vontade divina, relativamente aos seres racionais que estão no mundo como suas criaturas (...).
Esta ideia da personalidade que desperta o respeito, que nos põe diante dos olhos a sublimidade da nossa natureza, fazendo-nos notar ao mesmo tempo a falta de acordo da nossa conduta com ela, e rebaixando por isso mesmo a nossa presunção, é natural, mesmo à mais comum razão humana, e facilmente observada. Todo o homem, mesmo medianamente digno, não verificou já por vezes que se absteve de uma mentira, aliás inofensiva, pela qual podia ver-se livre de uma situação desagradável ou proporcionar alguma vantagem a um amigo querido e cheio de mérito, para ter o direito de não se desprezar em segredo a seus próprios olhos? [1].

19) *O que é um postulado da razão prática?*

(Os postulados) partem todos do princípio fundamental da moralidade, que não é um postulado, mas uma lei pela qual a razão determina imediatamente a vontade. A vontade,

---

[1] *Critique de la raison pratique*, trad. Picavet, Presses Universitaires de France. 1943. pp. 91-92.

EXTRACTOS

exactamente por ser assim determinada, enquanto vontade pura, exige estas condições necessárias à observação do seu preceito. Estes postulados não são dogmas teóricos, mas *hipóteses* num ponto de vista necessariamente prático; não alargam portanto o conhecimento especulativo, mas dão às ideias da razão especulativa em geral (por meio da sua relação ao que é prático) realidade objectiva e justificam-nas como conceitos cuja possibilidade ela nem sequer poderia sem isso aventurar-se a afirmar.

Esses postulados são os da *imortalidade,* da *liberdade* considerada positivamente (como causalidade de um ser, na medida em que ele pertence ao mundo inteligível) e da *existência de Deus.* O *primeiro* decorre da condição praticamente necessária de uma duração apropriada ao cumprimento completo da lei moral; o *segundo,* da suposição necessária da independência em relação ao mundo dos sentidos e da faculdade de determinar a sua própria vontade, de acordo com a lei de um mundo inteligível, isto é da liberdade; o *terceiro,* da condição necessária da existência do soberano bem num tal mundo inteligível, pela suposição do bem supremo independente, isto é, da existência de Deus.

A aspiração do soberano bem, tornada necessária pelo respeito pela lei moral, e a suposição que daí decorre, da realidade objectiva desse bem supremo, leva-nos assim, por meio de postulados da razão prática, a conceitos que a razão especulativa podia, na verdade, apresentar como problemas, mas que ela não podia resolver. Portanto: 1.º — Ela leva ao conceito para cuja solução a razão especulativa não podia fazer senão *paralogismos* (a saber: o da imortalidade), porque lhe faltava o carácter de persistência para completar o conceito psicológico de um último sujeito que é atribuído necessariamente à alma na consciência que ela tem de si própria, de maneira a fazer dele a representação real de uma substância, o que a razão prática faz pelo postulado de uma duração necessária para a conformidade com a lei moral no soberano bem como objectivo total da razão prática; 2.º — Leva ao conceito a propósito do qual a razão especulativa apenas continha *antinomia,* cuja solução não podia fundamentar a não ser com base num conceito, problematicamente concebível é verdade, mas não podendo, quanto à sua realidade objectiva, ser demonstrado nem determinado por ela, a saber: a ideia *cosmológica* de um mundo inteligível e a consciência da nossa existência nesse mundo, por meio do

KANT

postulado da liberdade (cuja realidade ela mostra através da lei moral, e com ela ao mesmo tempo a lei de um mundo inteligível, que a razão especulativa apenas podia apontar sem saber determinar o seu conceito); 3.° — Dá ao conceito que a razão especulativa devia, na verdade, conceber, mas deixar indeterminado como *ideal* simplesmente transcendental, ao conceito *teológico* do ser supremo, significação (no ponto de vista prático, isto é, como a uma condição da possibilidade do objecto de uma vontade determinada por essa lei); apresenta-o como o princípio supremo do soberano bem num mundo inteligível, por meio de uma legislação moral toda-poderosa neste mundo.

Mas o nosso conhecimento será desta maneira realmente alargado pela razão pura prática, e o que era *transcendente* para a razão especulativa, será *imanente* para a razão prática? Sem dúvida, mas *somente do ponto de vista prático.* Porque nós não conhecemos desse modo nem a natureza da nossa alma, nem o mundo inteligível, nem o ser supremo, *segundo o que eles são em si mesmos*; apenas reunimos os conceitos dessas coisas no *conceito prático de soberano bem*, enquanto objecto da nossa vontade, e completamente *a priori*, pela razão pura, mas unicamente por meio da lei moral e simplesmente também em relação a esta lei, em vista do objecto que ela ordena. Mas como é que a liberdade é possível e como deverá representar-se, teoricamente e positivamente, esta espécie de causalidade, é o que não se apercebe dessa maneira; compreende-se apenas que uma tal liberdade é postulada pela lei moral e em seu proveito. Passa-se o mesmo com as outras ideias que nenhum entendimento humano poderá alguma vez aprofundar segundo a sua possibilidade; mas também nenhum sofisma poderá alguma vez persuadir, mesmo o homem mais vulgar, que elas não são verdadeiros conceitos ([1]).

20) *A «fé da razão» (a fé moral)*

A fé simplesmente doutrinal tem em si algo de vacilante; é-se muitas vezes afastado pelas dificuldades que se apresentam na especulação (...). Com a *fé moral* as coisas passam-se

---

([1]) *Critique de la raison pratique*, pp. 141-143.

EXTRACTOS

de uma maneira totalmente diferente. Com efeito, é absolutamente necessário, neste caso, que alguma coisa tenha lugar, isto é, que eu obedeça em todos os pontos à lei moral. O objectivo está indispensavelmente fixado e há apenas uma condição possível, do meu ponto de vista, que permite a esse objectivo harmonizar-se com todos os outros fins e que lhe dá assim um valor prático, a saber: há um Deus e um mundo futuro; posso também estar muito seguro de que ninguém conhece outras condições que conduzam à mesma unidade dos fins sob a lei moral. Mas como a norma moral é ao mesmo tempo a minha máxima (como a razão ordena que o seja), eu creio infalivelmente na existência de Deus e numa vida futura e estou certo de que nada pode tornar esta fé vacilante, porque isso deitaria por terra os meus próprios princípios morais aos quais eu não posso renunciar sem tornar-me digno de desprezo a meus próprios olhos.

Desta maneira, apesar da ruína de todos os desígnios ambiciosos de uma razão que se perde para além dos limites de toda a experiência, resta-nos ainda motivo para ficarmos satisfeitos do ponto de vista prático. Seguramente ninguém pode gabar-se de *saber* que há um Deus e uma vida futura; porque, se o fizer, esse será precisamente o homem que eu procuro há muito tempo. Todo o saber (quando se refere a um objecto da simples razão), pode comunicar-se e eu poderia, por consequência, instruído por ele, esperar ver maravilhosamente alargada a minha ciência. Não, a convicção não é uma certeza *lógica*, mas uma certeza *moral*. E dado que ela assenta em princípios subjectivos (na disposição moral), eu não devo dizer: *é* moralmente certo que há um Deus, etc., mas: *eu estou* moralmente certo, etc. O mesmo é dizer que a fé num Deus e num outro mundo está de tal modo unida à minha disposição moral, que eu já não corro o risco de perder essa fé, que eu já não temo poder alguma vez ser despojado desta disposição.

A única dificuldade que se apresenta aqui é que esta fé racional se funda na suposição de sentimentos morais. Se os pusermos de lado e se considerássemos um homem que fosse inteiramente indiferente em relação às leis morais, a questão que a razão propõe tornar-se-ia então apenas um problema para a especulação e, a partir daí, ela pode bem apoiar-se em fortes razões tiradas da analogia, mas não em razões às quais

KANT

tenha de render-se a dúvida mais obstinada (¹). Mas, nestas questões, não há homem que esteja isento de todo o interesse. Com efeito, ainda que, à falta de bons sentimentos, ele fosse estranho ao interesse moral, ele não poderia impedir-se de *temer* um Ser divino e um futuro. Basta para isso não poder alegar a *certeza* de que não há Deus nem vida futura; e, tal certeza, dado que essas duas coisas deveriam ser provadas pela simples razão, e por conseguinte apodicticamente, obrigar-nos-ia a demonstrar a impossibilidade de uma e de outra, o que certamente nenhum homem razoável pode fazer. Essa seria, por consequência, uma *fé negativa* que, sem dúvida, não poderia gerar a moralidade e bons sentimentos, mas que, entretanto, produziria algo de análogo, isto é, alguma coisa capaz de impedir vigorosamente a eclosão de maus sentimentos (²).

(...) Para evitar todo o mal-entendido no uso *de um conceito tão inusitado como o de uma crença da razão pura prática,* seja-me permitido acrescentar uma observação. Quase pareceria que esta *crença racional* é apresentada aqui como um *mandamento,* o de admitir o soberano bem como possível. Mas uma crença que fosse imposta é uma coisa sem sentido. Recorde-se a análise anteriormente feita dos elementos que devem ser supostos no conceito do soberano bem, e ver-se-á que não pode ser-nos ordenado que admitamos essa possibilidade, que não há intenções práticas que exijam que a admitamos, mas que a razão especulativa deve concedê-la sem que lho peçamos; porque ninguém pode querer sustentar que é *impossível* em si que os seres racionais no mundo gozem da quantidade de felicidade de que se tornam dignos conformando a sua conduta pela lei moral. Ora, relativamente ao primeiro elemento do soberano bem, ou seja, no que se refere à moralidade, a lei moral dá-nos um

---

(¹) Kant acrescenta em nota: «O espírito humano (isso acontece necessariamente, na minha opinião, a todo o ser racional) tem um interesse natural pela moralidade, embora tal interesse possa ser repartido e praticamente não preponderante. Fortalecei e aumentai esse interesse, e encontrareis a razão muito dócil e mesmo mais esclarecida para unir ao interesse prático o interesse especulativo. Se não tiver o cuidado, desde o início, ou pelo menos a meio do caminho, de tornar os homens bons, também jamais se fará deles homens sinceramente crentes».

(²) *Critique de la raison pure,* pp. 555-557.

EXTRACTOS

mandamento, e pôr em dúvida a possibilidade desse elemento seria a mesma coisa que pôr em dúvida a própria lei moral. Mas quanto ao segundo elemento deste objecto: a exacta proporção da felicidade e do valor adquirido por um comportamento conforme à lei moral, não há por certo necessidade de um mandamento para admitir a sua possibilidade em geral, porque a própria razão teórica nada tem a objectar; só a *maneira* como devemos conceber essa harmonia das leis da natureza com as da liberdade tem em si uma coisa relativamente à qual uma *escolha* nos incumbe, porque a razão teórica não decide nada a esse respeito com uma certeza apodíctica, e em relação a ela pode haver um interesse moral que faça pender a balança ([1]).

21) *Beleza e moralidade*

O belo é o símbolo do bem moral; e é neste ponto de vista que ele agrada e se propõe o assentimento de todos e nisto o espírito tem a consciência de ser de algum modo enobrecido e elevado acima da simples aptidão a experimentar um prazer pelas impressões dos sentidos e avalia o valor dos outros por uma máxima semelhante da sua faculdade de julgar. Trata-se do *inteligível* para o qual o gosto olha, e em relação ao qual as nossas faculdades superiores de conhecer se harmonizam e sem o qual surgiriam as contradições entre a sua natureza e as pretensões que o gosto cultiva. A faculdade de julgar não se vê no gosto, como no juízo empírico, submetida como ela está a uma heteronomia das leis da experiência: em relação aos objectos de uma satisfação tão pura ela própria estabelece a lei, como a razão estabelece ela própria a lei em relação à faculdade de desejar; e tanto em razão desta possibilidade interna no sujeito, como da possibilidade externa de uma natureza que se harmoniza com esta, ela vê-se ligada a alguma coisa no próprio sujeito e fora dele, que não é nem natureza, nem liberdade, mas que está contudo ligada com o fundamento desta última, isto é, o supra-sensível, no qual a faculdade teórica e a faculdade prática constituem uma só coisa, de uma maneira semelhante para todos mas desconhecida. Apontaremos alguns pontos dessa analogia, sem menosprezar as diferenças:

([1]) *Critique de la raison pratique,* pp. 153-154.

KANT

1. O belo *agrada imediatamente* (mas apenas na intuição reflectora, não no conceito como a moralidade); 2. *Ele agrada para além de todo o interesse* (sem dúvida o bem moral está necessariamente ligado a um interesse, não a um interesse que antecede o juízo sobre a satisfação, mas a um interesse que resulta do juízo); 3. A *liberdade da imaginação* está representada no acto de julgar do belo como harmonizando-se com a legalidade do entendimento (no juízo moral a liberdade da vontade é pensada como o acordo desta faculdade consigo própria segundo as leis universais da razão); 4. *O princípio subjectivo do juízo sobre o belo é representado como universal*, válido para cada qual, sem ser representado como conhecível por um conceito universal (declara-se também universal, válido para todos os sujeitos assim como para todas as acções do sujeito, o princípio objectivo da moralidade, mas ele é declarado susceptível de ser conhecido por um conceito universal) (...).

Mesmo o senso comum está acostumado a ter em conta estas analogias e nós designamos muitas vezes os belos objectos da natureza ou da arte por nomes, que parecem indicar um juízo moral. Dizemos ao falar de edifícios e de árvores que são majestosos e magníficos, ou de campos que eles são aprazíveis e alegres; as próprias cores são ditas inocentes, modestas, ternas, porque despertam sensações que envolvem alguma coisa de análogo ao estado de alma suscitado por juízos morais. O gosto torna por assim dizer possível, sem salto demasiado brusco, a passagem da atracção sensível para o interesse moral habitual, uma vez que ele representa a imaginação na sua própria liberdade como determinável de uma maneira final pelo entendimento e ensina a encontrar uma livre satisfação até nos objectos dos sentidos sem atracção sensível ([1]).

22) *As particularidades do ser vivo*

Uma árvore produz uma outra árvore segundo uma lei natural conhecida. A árvore produzida é da mesma espécie; assim, a árvore produz-se ela própria *segundo a espécie*, na qual, continuamente produzida por si mesma por um lado

---

([1]) *Critique de la faculté de juger*, trad. Philonenko, Paris, Vrin, 1965, pp. 175-176.

EXTRACTOS

como efeito, por outro, como causa e não deixando de reproduzir-se a si própria, ela mantém-se constantemente como espécie.

Em segundo lugar, uma árvore produz-se também ela própria *como indivíduo*; é o que nós chamamos *crescimento*. É preciso, no entanto, distinguir bem o crescimento de todo o aumento segundo leis mecânicas e considerá-lo, embora o termo seja diferente, como o equivalente de uma geração. A planta dá em primeiro lugar à matéria que em si incorpora uma qualidade específica e particular, que o mecanismo da natureza exterior não pode produzir; assim, a planta forma-se ela própria, graças a uma substância que na sua composição é o seu produto próprio. Com efeito, embora não seja necessário considerá-la relativamente às suas partes constitutivas senão como uma simples edução, verifica-se entretanto, na dissociação e na recomposição (pelo vivente) da matéria bruta (que ele incorpora em si), uma faculdade de dissociação e de reconstituição de tal modo original, que toda a arte fica infinitamente distanciada disso, incapazes como somos de reconstituir esses produtos do reino vegetal a partir dos elementos obtidos decompondo-os, ou então a partir da matéria que a natureza lhes fornece para sua alimentação.

Em terceiro lugar, uma parte de um vegetal produz-se igualmente de tal maneira que a conservação da uma parte depende da conservação de uma outra parte e reciprocamente. O botão de uma folha de árvore, enxertado no ramo de uma outra árvore, dá origem num pé estranho a uma planta da sua própria espécie, tal como o enxerto numa outra árvore. Razão por que se pode considerar cada ramo, cada folha de uma mesma árvore como simplesmente enxertados ou implantados nesta, isto é, como uma árvore que existe por si própria, que se liga simplesmente a uma outra árvore e se alimenta como um parasita. É verdade que as folhas são produtos da árvore, mas conservam-na por sua vez; com efeito, um desfolhamento repetido mataria a árvore e o crescimento desta depende da acção das folhas sobre o tronco. Contentar-me-ei em mencionar de passagem certas outras propriedades dos seres vivos, embora essas propriedades sejam as mais admiráveis que se encontram em seres organizados: a *autodefesa* da natureza, quando sobrevém uma lesão, sendo a falta de uma parte, necessária à conservação das partes vizinhas, compensada pelas outras partes; as mons-

KANT

truosidades ou deformidades no crescimento provêm do facto de certas partes, por motivo de deficiências ou de obstáculos, se formarem de uma maneira inteiramente nova, a fim de conservar o que existe, e produzem assim um indivíduo anormal [1].

23) *O homem, fim último da criação*

Há um juízo que mesmo o entendimento mais comum não pode deixar de fazer, quando reflecte na existência das coisas no mundo e sobre a existência do próprio mundo: é que todas as várias criaturas, por maior que seja a arte da sua organização ou por mais variada que possa ser a relação que as liga do ponto de vista da finalidade, e mesmo o conjunto dos seus tão numerosos sistemas, a que incorrectamente chamamos mundos, existiriam em vão se não existissem homens (seres racionais em geral); quer dizer que sem os homens, toda a criação seria simplesmente um deserto inútil e sem objectivo final. Mas também não é em relação à faculdade de conhecer do homem (razão teórica) que tudo o resto no mundo ganha o seu valor, como se tivesse de haver alguém que pudesse *contemplar* o mundo. Com efeito, se essa contemplação do mundo só lhe permitisse representar coisas sem objectivo final, o simples facto de ser conhecido não poderia conferir à existência do mundo qualquer valor; e é preciso supor-lhe já um objectivo final em relação ao qual a própria contemplação do mundo ganha um valor. Mas também não é em relação ao sentimento do prazer ou da soma dos prazeres que nós concebemos um objectivo final da criação como dado; não é o bem-estar, o prazer (corporal ou espiritual), numa palavra a felicidade que deve fundamentar a nossa apreciação desse valor absoluto. Com efeito, se o homem, desde que existe, dá a si próprio como fim último a felicidade, isso não explica de modo nenhum a sua razão de ser, nem qual é em última análise o seu próprio valor, que explicaria por que é que ele tenha de tornar agradável a sua existência. O homem deve já ser pressuposto como objectivo final da criação a fim de ter um fundamento racional que justifique a harmonia necessária da natureza

---

[1] *Critique de la faculté de juger*, pp. 190-191.

EXTRACTOS

com a sua felicidade (...). É assim apenas a faculdade de desejar, não a que pelas inclinações sensíveis torna o homem dependente da natureza e em relação à qual o valor da sua existência assenta naquilo que ele recebe e de que ele goza; mas aquela que está na origem do valor, que só ele pode dar-se e que consiste nos seus actos, no seu comportamento e nos princípios segundo os quais ele age, não como membro da natureza, mas na liberdade; é, repito, a faculdade de desejar como fonte da boa vontade, que constitui o que dá à sua existência um valor absoluto e em relação ao qual a existência do mundo pode ter um *objectivo final.*

É isso o que reconhece o juízo mais comum da sã razão humana, a saber: que o *homem não pode ser o objectivo final da criação a não ser como ser moral.* Basta chamar a atenção para esta questão e pressionar no sentido de procurar a solução. Que importa, dir-se-á, que tal homem tenha tanto talento, que ele use dele com tanta actividade, e que, fazendo-o, ele exerça uma benéfica influência na sociedade e assim possua um grande valor no que se refere aos seus interesses e aos dos outros, se não possuir a *boa vontade?* Se o considerarmos interiormente, é um ser desprezível; e se a criação deve ter um fim último, então ele, que lhe pertence como homem, mas homem mau, não deverá atingir, num mundo sujeito a leis morais e em conformidade com elas, o seu fim subjectivo (a felicidade), como única condição sob a qual a sua existência pode harmonizar-se com o objectivo final ([1]).

24) «*O homem é mau por natureza*»

A proposição: o homem é mau, não pode querer dizer outra coisa, de acordo com o que fica dito, a não ser: ele tem consciência da lei moral e no entanto admitiu na sua actuação afastar-se dela eventualmente. Ele é mau *por natureza* significa que isto se aplica ao homem considerado como espécie. Isso não quer dizer que um defeito deste género possa ser deduzido da definição de homem, porque nesse caso ele seria necessário; isso significa apenas que na medida em que se conhece o homem por experiência, é im-

---

([1]) *Critique de la faculté de juger,* pp. 250-251.

KANT

possível fazer sobre ele um outro juízo; por outras palavras, pode presumir-se a tendência para o mal como *subjectivamente* necessária em todo o homem, mesmo o melhor. Ora, a partir do momento em que essa própria tendência deve ser considerada como *moralmente* má e não, por consequência, como uma simples disposição natural; como ela deve, por conseguinte, consistir necessariamente em máximas do livre arbítrio contrárias à lei e que tais máximas vindo da liberdade apresentam algo de contingente, o que não se harmoniza com a universalidade desse mal; é preciso pois que o fundamento supremo subjectivo de todas as máximas más esteja ligado à humanidade e de algum modo enraizado nela; nesse sentido nós podemos chamar a essa tendência uma tendência natural para o mal, um *mal radical,* inato na natureza humana, mal que nós próprios contraímos, porque nós só podemos ser maus moralmente por nossa própria culpa.

Ora, que uma tendência perversa deste género deva estar enraizada no homem, *isso é um facto,* de que podemos prescindir de dar uma prova formal, dada a multidão de exemplos que falam por si, que a experiência das acções humanas nos apresenta. Se quiserem tirar-se desse estado em que muitos filósofos esperavam encontrar sobretudo *a bondade natural* da natureza humana, a saber, *o estado de natureza,* basta comparar as cenas de crueldade não provocada que proporcionam os dramas sangrentos de *Tofoa,* da *Nova Zelândia,* das *Ilhas dos Navegadores* e os que nunca acabaram nos vastos desertos da América do Noroeste; só há que compará-los, digo eu, com a hipótese da bondade natural dos selvagens, e teremos à disposição um maior número de vícios bárbaros do que o necessário para nos dissuadirmos de tal opinião. — E se se defender que a natureza humana se revela melhor no estado de civilização (...) dever-se-á então escutar uma longa e melancólica ladainha de acusações contra a humanidade; haverá quem se lamente da duplicidade secreta que subsiste mesmo na amizade mais íntima (...); da tendência para odiar aquele para quem se tem obrigações, coisa que o benfeitor deverá esperar sempre (...; e de tantos outros vícios escondidos sob a aparência da virtude, sem falar daqueles que nem se quer se disfarçam de qualquer maneira, porque chegámos ao ponto de considerar como homem de bem aquele que é sem qualquer dúvida um homem mau, mas que o é como toda a gente. Os vícios da cultura e da civilização

EXTRACTOS

(entre todos os que mais ferem) bastarão para nos fazer desviar os olhos da conduta dos humanos; será talvez o único meio de evitarmos contrair nós próprios um outro vício, ou seja, a misantropia. Contudo, se ainda não estivermos satisfeitos, bastar-nos-á considerar o estado das relações entre as nações, bizarro composto de dois factores, em que os povos civilizados se encontram uns frente aos outros na relação do grosseiro estado de natureza (organização bélica permanente), com a firme intenção de nunca dele sair; e se se observar que os princípios das grandes cidades chamadas Estados contradizem directamente as alegações públicas, que em todo o caso não é possível sairmos disso, e que nenhum filósofo pôde ainda pô-los de acordo com a moral nem tão-pouco, o que é mais grave, foi capaz de propor outros melhores que possam conciliar-se com a natureza humana. O *quiliasma filosófico,* isto é, a doutrina que espera um estado de paz perpétua fundada numa sociedade das nações, por outras palavras, uma república mundial, foi universalmente posto a ridículo como um sonho oco, do mesmo modo que o *quiliasma teológico* que espera a conclusão da melhoria moral de todo o género humano (¹).

25) *O progresso*

Pode resolver-se imediatamente o problema do progresso pela experiência. — Mesmo que se chegasse à verificação de que o género humano, considerado no seu conjunto, caminhou em frente e foi progredindo durante um certo lapso de tempo tão longo quanto se quiser, ninguém poderá no entanto garantir que agora, precisamente neste momento, na sequência de disposições físicas da nossa espécie, não apareça a época da regressão; e inversamente, se recuarmos, e numa queda acelerada formos para o pior, não devemos desesperar de encontrar o ponto de conversão a partir do qual, graças às disposições morais da nossa espécie, o caminhar desta se volte de novo para o melhor. Porque estamos perante seres que agem livremente, aos quais se pode sem dúvida prescrever o que *devem* fazer, mas relativamente aos quais não se pode prever de antemão o que farão de facto; seres que,

---

(¹) *La religion dans les limites de la simple raison,* trad. Gibelin, Paris, Vrin, 1943, pp. 52-55.

KANT

tomando consciência dos males que a si próprios infligiram, saberão, se a situação se tornar verdadeiramente má, encontrar aí um motivo para torná-la melhor ainda do que ela era antes (...). Se se pudesse atribuir ao homem um querer inato e invariavelmente bom, embora limitado, ele poderia predizer com certeza o progresso da sua espécie, porque este reportar-se-ia a um acontecimento que ele próprio pode produzir. Mas dada a mistura do bem e do mal nas suas disposições, mistura cuja proporção lhe é desconhecida, ele próprio não sabe que resultado pode daí esperar.

É preciso no entanto ligar a alguma experiência a «história profética» do género humano.

Deve produzir-se na espécie humana alguma experiência que, como acontecimento, indica a sua aptidão e a sua capacidade de ser *causa* do seu progresso, e, uma vez que deve tratar-se do acto de uma criatura dotada de liberdade, ser o seu *autor* (...) Há que procurar um acontecimento que aponte a existência de uma tal causa e também a acção da sua causalidade no género humano de uma maneira indeterminada no que diz respeito ao tempo, e que permite concluir pelo progresso como consequência inevitável; tal conclusão poderia então ser alargada também à história do passado (mostrar-se-ia que houve sempre progresso); esse acontecimento não seria evidentemente ele próprio a sua causa; mas constituiria uma indicação, um *sinal histórico* (...), susceptível de demonstrar assim a tendência do género humano considerado na sua totalidade (...).

Um acontecimento do nosso tempo prova essa tendência moral da humanidade (...).

(...) Pouco importa se a revolução (a Revolução Francesa) de um povo cheio de espírito, que vimos efectuar-se nos nossos dias, resulta ou fracassa, pouco importa se ela acumula misérias e atrocidades até ao ponto de dizermos que um homem sensato que a referia com a esperança de levá-la a bom termo, jamais se resolveria a tentar a experiência a tal preço — essa revolução, dizia eu, encontra apesar de tudo no espírito de todos os espectadores (que não estão eles próprios comprometidos nesse jogo) uma *simpatia* de aspiração que roça pelo entusiasmo e cuja simples manifestação comportava um perigo; tal simpatia, por conseguinte, não pode ter outra causa senão uma disposição moral do género humano.

EXTRACTOS

Essa causa moral que intervém é dupla: primeiro é a do *direito* que um povo tem de não ser impedido por outras potências de adoptar uma constituição política à sua vontade; em segundo lugar, é a do *fim* (que é também um dever): só é em si conforme ao direito e moralmente boa a constituição de um povo que é própria por sua natureza para evitar segundo princípios a guerra ofensiva — o que só acontece com a constituição republicana, teoricamente pelo menos — constituição essa própria, por consequência, para colocá-lo nas condições que afastam a guerra (fonte de todos os males e de toda a corrupção dos costumes), e que asseguram negativamente o progresso do género humano, apesar de toda a sua fraqueza, garantindo-lhe, pelo menos, que não será entravado no seu progresso.

(...) Eu sustento que posso predizer ao género humano — mesmo sem espírito profético — segundo as aparências e os sinais precursores da nossa época, que ele alcançará esse objectivo (uma organização ideal e a paz perpétua), e que, ao mesmo tempo, a partir daí, os seus progressos já não serão de novo postos em questão. Com efeito, um tal acontecimento na história da humanidade *nunca mais se esquece,* porque revelou na natureza humana uma disposição, uma faculdade de progredir tal que nenhuma política teria podido estabelecer, à força de subtileza, a partir do curso anterior dos acontecimentos; só a natureza e a liberdade reunidas na espécie humana segundo os princípios internacionais do direito, estavam em condições de anunciar o progresso, sem evidentemente precisar o seu calendário, porque se trata de algo de contingente.

Mesmo que o objectivo visado pela Revolução Francesa ainda não tivesse sido alcançado hoje (...), mesmo que, passado um certo lapso de tempo tudo viesse a cair de novo na rotina anterior, esta profecia filosófica nada perderia da sua força. Porque este acontecimento é demasiado importante, tem demasiado a ver com os interesses da humanidade (...), para não vir a ser trazido de novo à memória dos povos por ocasião de circunstâncias favoráveis, e lembrado aquando do retomar de novas tentativas deste género. Num assunto tão importante para a espécie humana, é necessário de facto que a constituição projectada atinja por fim numa certa altura aquela solidez que o ensino de experiências repetidas não poderá deixar de dar-lhe em todos os espíritos.

KANT

Eis pois uma proposição não apenas bem intencionada e recomendável do ponto de vista prático, mas também válida, a despeito de todos os incrédulos, mesmo para a teoria mais severa: o *género humano sempre esteve em progresso e continuará sempre a está-lo no futuro*; o que (...) abre uma perspectiva a perder de vista no tempo. Poder-se-ia decerto supor que à primeira época de uma revolução natural que (segundo Camper e Blumenbach) teria sepultado o reino animal e vegetal antes mesmo do aparecimento do homem; poder-se-ia, dizia eu, supor que a esta época suceda uma segunda que reserve a mesma sorte ao género humano, para permitir a entrada em cena de outras criaturas e assim sucessivamente (...). Com efeito, para a natureza toda-poderosa, ou para a causa primeira inacessível para nós, o homem não é por sua vez mais que uma ninharia. Mas que os chefes que mandam nos homens, também eles homens, tratem os seres humanos como ninharias, quer oprimindo-os como animais e considerando-os como simples instrumentos dos seus desígnios, quer opondo os indivíduos entre si em conflitos para fazê-los massacrar: *eis o que já não é uma ninharia, mas a inversão do objectivo final da criação* ([1]).

26) *Moral cristã e moral racional*

A doutrina do cristianismo, mesmo ainda antes de ser considerada como doutrina religiosa, apresenta um conceito do soberano bem (do reino de Deus) que é o único que satisfaz as mais rigorosas exigências da razão prática. A lei moral é santa (inflexível) e exige a santidade dos costumes, embora toda a perfeição moral a que o homem possa chegar nunca seja *mais que virtude,* isto é, uma intenção conforme à lei, *por respeito pela lei,* portanto a consciência de uma tendência contínua para transgredir essa lei, ou pelo menos para tirar-lhe pureza, isto é, para nela misturar muitos princípios sofísticos (não morais) que o determinam à observação da lei, por conseguinte, uma apreciação de si próprio ligada à humildade. Assim, em relação à santidade que a lei cristã exige, nada resta à criatura a não ser um progresso até ao infinito; mas também, por isso mesmo, a criatura está auto-

---

([1]) *Le conflit des facultés*, trad. Gibelin, pp. 98 e ss.

EXTRACTOS

rizada a esperar uma duração que se alargue até ao infinito. O *valor* de uma intenção *completamente* conforme à lei moral é infinito, porque toda a felicidade possível no juízo de um distribuidor da felicidade, sábio e omnipotente, não tem outro limite para além da falta de conformidade dos seres dotados de razão com o seu dever. Mas a lei moral não promete entretanto por si própria a felicidade, porque esta, segundo conceitos de uma ordem natural em geral, não está necessariamente ligada à observação desta lei. Ora, a doutrina moral cristã supre essa falta (do segundo elemento essencial do soberano bem), pela representação de um mundo no qual os seres racionais se consagram com toda a sua alma à lei moral, de um *Reino de Deus,* no qual a natureza e os costumes chegam a uma harmonia estranha a cada um destes elementos por si próprio, graças a um santo autor que torna possível o soberano bem derivado. A *santidade* dos costumes é-lhes já apontada nesta vida como uma regra, mas o bem--estar que nela é proporcionado, a *beatitude,* é representada como só podendo ser alcançada numa eternidade. A santidade deve ser sempre em qualquer estado o modelo do comportamento, e o progresso em direcção a ela é possível e necessário já nesta vida; a beatitude, pelo contrário, aquilo a que chamamos a felicidade, não pode ser alcançada neste mundo pelo nosso próprio poder; e por conseguinte, ela não constitui exclusivamente senão um objecto de esperança. Contudo, o princípio cristão da moral não é teológico (portanto heteronomia), mas é a autonomia da razão pura prática por si mesma, porque esta moral faz do conhecimento de Deus e da sua vontade a base, não destas leis, mas apenas da esperança de chegar ao soberano bem, sob a condição de observar essas leis; e porque ela coloca mesmo o móbil próprio para fazê-las observar, não nas consequências desejadas, mas apenas na representação do dever como na única coisa cuja observação fiel nos torna dignos de adquirir a felicidade.

Deste modo, a lei moral leva, através do conceito do soberano bem, como o objecto e o alvo final da razão pura prática, *à religião,* quer dizer, leva a *reconhecer todos os deveres como ordens divinas, não como sanções, isto é, como ordens arbitrárias e fortuitas por si mesmas de uma vontade estranha, mas como leis essenciais de toda a vontade livre em si mesma,* que entretanto devem ser olhadas como ordens do Ser supremo, porque só de uma vontade moralmente per-

101

KANT

feita e ao mesmo tempo omnipotente nós podemos esperar o soberano bem, que a lei moral nos impõe como um dever que nos propúnhamos alcançar como objectivo dos nossos esforços e porque, consequentemente, nós não podemos esperar lá chegar a não ser pelo acordo com essa vontade. Assim, tudo aqui permanece desinteressado e simplesmente fundado no dever, sem que o temor ou a esperança possam, como móbeis, ser tomados por princípio, porque desde que se tornam princípios, destroem todo o valor moral das acções [1].

O Mestre do Evangelho, quando fala de recompensas no mundo futuro não quis fazer delas o motivo das nossas acções, mas apenas (como representação edificante da perfeição, da bondade e da sabedoria divinas na conduta do género humano) o objecto da mais pura veneração e da maior satisfação moral para uma razão que julga no seu conjunto o destino do homem.

Eis-nos portanto em presença de uma religião completa, que pode ser apresentada a todos os homens recorrendo à sua razão própria, de maneira clara e persuasiva, e cuja possibilidade e mesmo necessidade de se tornarem para nós arquétipo da nossa imitação (segundo a capacidade dos homens) foram além disso concretizadas por um exemplo, sem que nem a verdade de tais ensinamentos, nem a autoridade e dignidade do Mestre tenham necessidade de qualquer outra confirmação, para a qual seriam necessários milagres e ciência, o que não está ao alcance de qualquer um [2].

27) *Moral e religião*

O teólogo bíblico é *doutor da lei* quanto à *fé da Igreja*, que assenta em estatutos, isto é, leis que derivam da vontade de um outro; ao contrário, o teólogo racional é o *sábio da Razão* quanto à *fé religiosa*, a que assenta em leis interiores que podem deduzir-se da razão de cada homem. Que as coisas se passam deste modo, isto é, que a religião jamais possa fundar-se em prescrições (por mais elevada que seja a sua origem), é o que ressalta do próprio conceito de reli-

---

[1] *Critique de la raison pratique*, pp. 137-139.
[2] *La region dans les limites de la simple raison*, trad. Gibelin, Paris, Vrin, 1943, p. 213.

EXTRACTOS

gião. A religião não é, com efeito, o conteúdo de certos dogmas, considerados como revelações divinas (isto, é a teologia), mas o conteúdo de todos os nossos deveres em geral, enquanto mandamentos divinos (subjectivamente, da máxima de a eles se conformar como tais). A religião não se distingue da moral pela sua matéria, isto é, pelo seu objecto, porque incide de uma maneira geral sobre os deveres; mas dela difere apenas pela forma, quer dizer, é uma legislação da razão para dar à moral, graças à ideia de Deus produzida por esta mesma moral, uma influência sobre a vontade humana para o cumprimento de todos os deveres. Por isso ela é uma e não há diferentes religiões, mas sim diferentes maneiras de crer numa revelação divina e em seus dogmas estatutários que não podem provir da razão. Por outras palavras, há diferentes formas de representação sensível da vontade divina para proporcionar a esta, influência sobre os espíritos; formas dentre as quais a que convém melhor ao nosso conhecimento é o cristianismo. Ora, este encontra-se na Bíblia composto de duas partes dissemelhantes: uma que contém o *cânon* e a outra o *órganon* ou *veículo* da religião. O primeiro pode ser chamado a *pura fé religiosa*, fundada, sem estatutos, na simples razão; e o outro, a *fé da Igreja* que, toda ela, se baseia em estatutos que exigem uma revelação para serem olhados como um ensino e preceitos sagrados. — Ora, como é um dever usar também para o fim que está em jogo, deste meio de direcção, se se pode tomá-lo por uma revelação divina, pode explicar-se por isso como é que acontece que, quando se fala da fé religiosa, aí se inclui também habitualmente a fé da Igreja, fundada na Escritura.

O teólogo bíblico diz: «Procurai na Escritura, vós que desejais encontrar a vida eternada». Mas essa vida, cuja condição é unicamente a melhoria moral do homem, ninguém pode encontrá-la num escrito seja ele qual for, a não ser que a ponha lá, porque os conceitos e princípios aqui necessários não podem, verdadeiramente, ser aprendidos de outro qualquer, mas devem apenas, por ocasião de uma exposição, desprender-se da própria razão do mestre. Ora, a Escritura contém mais ainda que o que é em si mesmo necessário para a vida eterna, a saber: aquilo que se relaciona com a *fé histórica* e que, como simples veículo sensível, pode, na verdade, convir à fé religiosa (no que se refere a tal ou tal pessoa, esta ou aquela época), mas sem dela fazer parte necessariamente (...).

KANT

Liga-se também a esse veículo, isto é, ao que se acrescenta à doutrina religiosa, o *método didáctico*, que pode considerar-se como tendo sido deixado ao contento dos apóstolos e que não se impõe como revelação divina. Tal método pertence à maneira de pensar da época; não há que ver nisso uma peça do dogma em si. Ele pode ser encarado, ou negativamente, como admissão de certas opiniões então reinantes, mas em si erróneas, que foram adoptadas para não chocar com ilusões correntes, mas que não se opunham essencialmente à religião (por exemplo, o que se refere aos possessos); ou positivamente, como a utilização da predilecção de um povo pela sua antiga fé de Igreja, que devia agora chegar ao seu termo; utilização destinada a introduzir mais facilmente a fé nova (assim, a interpretação da história da antiga aliança como prefiguração do que se passou na nova; e esse judaísmo, quando erradamente é admitido como uma das peças da dogmática, pode justificadamente fazer-nos soltar este suspiro: *nunc istae reliquiae nos exercent. Cícero*) ([1]).

([1]) *Le conflit des facultés*, pp. 38-40.

BIBLIOGRAFIA

BASCH, Victor, *Essai critique sur l'esthétique de Kant*, Paris, Vrin, 1927.

BOUTROUX, Emile, *La philosophie de Kant*, Paris, Vrin, 1926.

BRUCH, Jean-Louis, *La philosophie religieuse de Kant* (col. «Analyse et Raisons»), Paris, Aubier, 1968.

DAVAL, Roger, *La métaphysique de Kant*, Paris, Presses Universitaires de France, 1951.

DELBOS, Victor, *La philosophie pratique de Kant*, Paris, Presses Universitaires de France, 3.ª ed., 1969.

────── *De Kant aux post-kantiens*, Paris, Aubier, 1940.

DELEUZE, Georges, *La philosophie critique de Kant*, Presses Universitaires de France (col. «SUP-Initiation philosophique»).

EISLER, *Kant-Lexikon*, Berlim, 1930.

GOLDMANN, Lucien, *La cummunauté humaine et l'univers chez Kant*, Paris, Presses Universitaires de France, 1948.

HAVET, Jacques, *Kant et le problème du temps*, Paris, Gallimard, 1947.

HEIDEGGER, Martin, *Kant et le problème de la métaphysique*, trad. de Waehlens e Biemel, Paris, Gallimard, 1953.

KRÜGER, Gerhard, *Critique et morale chez Kant*, trad. Regnier, Paris, Beauchesne, 1961.

LACHIÈZE-REY, Pierre, *L'idéalisme kantien*, Paris, Vrin, 1950.

LACROIX, Jean, *Kant et le kantisme*, Presses Universitaires de France, 1966 (col. «Que sais-je?», n.° 1213).

MARÉCHAL, Joseph, *Le point de vue de départ de la métaphysique* (cahier III: *La critique de Kant*), Bruxelas-Paris, Desclée, 1944.

MARTIN, Gottfried, *Science moderne et ontologie traditionnelle chez Kant*, trad. Piguet, Presses Universitaires de France.

RUYSSEN, Théodore, *Kant*, Paris, Alcan, 1905.

VERNEAUX, Roger, *Le vocabulaire de Kant*, Paris, Aubier, 1967.

VIALATOUX, Joseph, *La morale de Kant*, Presses Universitaires de France (col. «SUP-Initiation philosophique»).

KANT

VLACHOS, Georges, *La pensée politique de Kant*, Presses Universitaires de France.

VLEESCHAUWER, Hermann de, *La déduction transcendentale dans l'oeuvre de Kant*, 3 vols., Antuérpia-Paris-Haia, 1934-1937.

———— *L'évolution de la pensée kantienne*, Paris, Presses Universitaires de France, 1939.

VUILLEMIN, Jules, *L'héritage kantien et la révolution copernicienne*, Paris, Presses Universitaires de France, 1955.

———— *Physique et métaphysique kantiennes*, Paris, Presses Universitaires de France, 1955.

WEIL, Éric, *Problèmes kantiens*, Paris, Vrin, 1963.

WEIL, RUYSSEN, POLIN, etc., *La philosophie de Kant*, Presses Universitaires de France.

ÍNDICE

A VIDA	9
A FILOSOFIA	17
I. A crítica do conhecimento	19
II. A vida moral	31
III. A finalidade no sistema kantiano	47
A OBRA	57
EXTRACTOS	59
1) Importância da metafísica	59
2) A revolução coperniciana em metafísica	60
3) Conhecimento empírico e conhecimento *a priori*	62
4) Sensibilidade e entendimento	64
5) O que é uma categoria?	65
6) Fenómenos e númenos	67
7) Razão e entendimento	68
8) O que é uma ideia?	70
9) Necessita de um mundo numenal	72
10) Não se pode demonstrar que a alma é uma substância espiritual (paralogismos da razão 3.ª pura)	73
11) A liberdade é indemonstrável (3.ª antinomia)	74
12) O argumento das causas finais	76
13) Da utilidade da crítica	77
14) O imperativo e suas formas	79
15) A boa vontade	80
16) O respeito	82
17) A felicidade	83
18) Dever e personalidade	85

19) O que é um postulado da razão prática? 86
20) A «fé da razão» (a fé moral) 88
21) Beleza e moralidade 91
22) As particularidades do ser vivo 92
23) O homem, fim último da criação 94
24) «O homem é mau por natureza» 95
25) O progresso 97
26) Moral cristã e moral racional 100
27) Moral e religião 102

BIBLIOGRAFIA 105

Impressão e acabamento
da
CASAGRAF – Artes Gráficas, Lda.
para
EDIÇÕES 70, Lda.
em
Agosto de 2000